eigenes Leben

Ausflüge in die unbekannte Gesellschaft,
in der wir leben

Ulrich Beck
Ulf Erdmann Ziegler

mit Fotos von
Timm Rautert

Verlag C.H.Beck

Herausgeber:
Bayerische Rückversicherung
Aktiengesellschaft, München

Gestaltung: Hans Neudecker, Rotis

Satz: Filmsatz Schröter GmbH, München
Reproduktionen: Brend'amour,
Simhart GmbH + Co., München
Druck: Appl, Wemding

Umschlagabbildung: Timm Rautert, Leipzig

ISBN 3 406 42999 8

© C.H. Beck'sche Verlagsbuchhandlung
(Oscar Beck), München 1997

Gedruckt auf alterungsbeständigem,
aus chlorfrei gebleichtem Zellstoff
hergestelltem Papier

Printed in Germany

Die Deutsche Bibliothek – CIP-Einheitsaufnahme

Eigenes Leben: Ausflüge in die unbekannte Gesellschaft,
in der wir leben / [Hrsg.: Bayerische Rückversicherung
Aktiengesellschaft, München]. Ulrich Beck; Ulf Erdmann Ziegler.
Mit Fotos von Timm Rautert. – München: Beck, 1997
(Beck'sche Reihe; 1199)
ISBN 3 406 42999 8

Die Gesellschaft verändert sich. Das ist bekannt. Umstritten bleibt, wie sie sich verändert. Wer sozialen Wandel beschreibt, sollte das mit tauglichen Modellen der Beschreibung tun. Auf solch ein taugliches Modell verweist das Stichwort »Individualisierung«: Der einzelne, so lautet die zentrale These, kann sich sehr viel weniger als noch vor 10, 20 Jahren durch den gesellschaftlichen Rahmenbau, durch »Normen« und »Traditionen« geleitet sehen. Jede Biographie stellt den einzelnen vor immer mehr folgenreiche Entscheidungen, die wiederum jeweils eine Vielzahl von Biographievarianten für das weitere Leben eröffnen. Biographien müssen »gebastelt« werden. Die Verantwortung des einzelnen, das eigene Leben in den Griff zu bekommen, wächst.

Diesen Prozeß zu beschreiben, hat der Soziologe Ulrich Beck erstmals mit seinem Buch Risikogesellschaft, erschienen 1986, sehr anschaulich unternommen. Er hat uns klargemacht, daß die Ansprüche der modernen Gesellschaft an die einzelnen mit den Ansprüchen einer sich ausdifferenzierenden Industrie- und Dienstleistungsgesellschaft durchaus kollidieren. Die moderne Gesellschaft fordert vom einzelnen: Du sollst dich selbst verwirklichen! Die Industriegesellschaft verlangt: Du mußt dort sein, wo der Arbeitsmarkt dich braucht! Die Kategorien, mit denen die Menschen ihre Lebensverhältnisse beschreiben oder die sie als Beschreibung akzeptieren, haben sich geändert: Wer sind in einer Gesellschaft von »Singles« die »Junggesellen«? Von welchem Paar wagt noch jemand zu sagen, es lebe »in wilder Ehe«? Wo und wie finden Frauen ihre Rolle im Spannungsfeld von Beruf und Sorge um das Wohlergehen ihrer Kinder? Ulrich Beck hat die Grundbewegung der Individualisierung aus der aktuellen Perspektive beschrieben und dabei auch auf ein wichtiges Potential der »Neu-Bürger Ost« verwiesen: sie seien »eingefleischte« Bastler ihres biographischen Entwurfs.

Das Projekt »eigenes Leben« war von Anfang an nicht als Bestätigung wissenschaftlicher Hypothesen angelegt. Wir sahen es eher als Probe aufs Exempel, ob es gelingt, die Veränderung des biographischen Entwurfs aus der Perspektive der einzelnen zu beschreiben. Der Fotograf Timm Rautert und der Textautor Ulf Erdmann Ziegler haben über einen Zeitraum von zwei Jahren Expeditionen in jene unbekannte Gesellschaft unternommen, in der wir leben. Sie haben nicht prototypische, ideale Lebensmodelle gesucht, sondern Protagonisten dafür, was »eigenes Leben« ausmacht. Ein komplexes Netz wird ausgebreitet, in dem Leitthemen wie Arbeit, Familie, Bildung, aber auch Regionalismus, Fremdsein und Fragen des Lebensstil miteinander verwoben sind und zueinander in Beziehung stehen.

Das heißt nicht, daß wir als Herausgeber diese oder jene Lebensweise gutheißen oder geißeln wollen. Leitmotiv unserer Erkundungen, deren siebte »eigenes Leben« ist, war immer eine gewisse Neugier auf Themen, die zu den Wegbereitern gesellschaftlicher Entwicklungen zählen. Daß wir dabei hin und wieder Widerspruch herausfordern, hat uns stets gelockt.

Die vorliegende Taschenbuchausgabe ist die etwas gekürzte Fassung des 1995 erstmals, ebenfalls bei C. H. Beck erschienenen Originalbandes.

Bayerische Rück

Ulf Erdmann Ziegler
Biographische Portraits

Ulrich Beck

eigenes Leben
Skizzen zu einer
biographischen
Gesellschaftsanalyse

Was meint »eigenes Leben«?

Es gibt im Westen der Welt wohl kaum einen verbreiteteren Wunsch als den, ein eigenes Leben zu führen. Wer heute in Frankreich, Finnland, Polen, der Schweiz, in England, Deutschland, Ungarn, in den USA und Kanada herumreist und fragt, was die Menschen wirklich bewegt, was sie anstreben, wofür sie kämpfen, wo für sie der Spaß aufhört, wenn man es ihnen nehmen will, dann wird er auf Geld, Arbeitsplatz, Macht, Liebe, Gott usw. stoßen, aber mehr und mehr auf die Verheißungen des eigenen Lebens. Geld meint *eigenes* Geld, Raum meint *eigenen* Raum, eben im Sinne elementarer Voraussetzungen, ein eigenes Leben zu führen. Selbst Liebe, Ehe, Elternschaft, die mit dem Verfinstern der Zukunft mehr denn je ersehnt werden, stehen unter dem Vorbehalt, eigene, d. h. zentrifugale Biographien zusammenzubinden und zusammenzuhalten. Mit nur leichter Übertreibung kann man sagen: Das alltägliche Ringen um das eigene Leben ist zur Kollektiverfahrung der westlichen Welt geworden. In ihm drückt sich die Restgemeinschaft aller aus.

Doch was um alles in der Welt treibt die Menschen dazu, ausgerechnet nach den Sternen des »eigenen Lebens« zu greifen? Was ist der Grund für diesen Aufbruch? Was erklärt diese scheinbar individuelle und doch geradezu schematisch ablaufende Bewegung, diesen Eifer, diese Lust und Angst, diese Routine und Gewitztheit, mit der viele Menschen um ihr eigenes Leben bangen und ringen?

Für viele liegt die Antwort auf der Hand: Nichts Gesellschaftliches, Externes, die Menschen selbst sind der Grund, ihr Wille, ihre Anspruchsinflation, ihr überschäumender Erlebnishunger, die abnehmende Bereitschaft, auszuführen, sich einzuordnen, zu verzichten – das steckt dahinter.

Doch derartige Schnellerklärungen werfen neue Fragen auf: Wie erklärt sich dann dieser Massenaufbruch, die Gleichzeitigkeit, mit der die Menschen in vielen Ländern der Erde ihr Leben selbst in die Hand nehmen wollen? Alles vollzieht sich nach dem Schauspiel des Einmaligen in den Kostümen des Persönlichen und Individuellen – allerdings in einer Art ewiger Premiere, geradezu gleichförmig, unabhängig voneinander in den unterschiedlichsten Kulturen, Sprachen, Großstädten dieser Welt.

Ist das eine Art Egoismus-Epidemie, ein Ich-Fieber, dem man durch Ethik-Tropfen, heiße Wir-Umschläge und tägliche Einredungen auf das Gemeinwohl beikommen kann?

Oder sind die einzelnen bei allem Funkeln und Fechten mit dem »eigenen Leben« vielleicht auch Botengänger, Ausführende eines tiefer greifenden Wandels? Sind dies die Vorzeichen eines Aufbruchs zu neuen Ufern, eines Ringens um ein neues Verhältnis von Individuum und Gesellschaft, das vielleicht sogar erst noch erfunden werden muß? Zeigt sich also im Ringen um ein eigenes und zugleich im neuen Sinne soziales Leben ein evolutionärer Wandel, der westliche Gesellschaften bis in ihre Grundlagen hinein verändert? Das ist die Sicht, die in diesem Buch erprobt – mit den Mitteln der Photographie, der Analyse und Beschreibung entwickelt und veranschaulicht werden soll.[1]

Diese Gesellschaftstheorie des eigenen Lebens sei vorweg in fünfzehn Thesen umrissen:

[1] Vergleiche zum Folgenden U. Beck, Risikogesellschaft, Teil II, Frankfurt/M. 1986 und Beck/Beck-Gernsheim (Hg.), Riskante Freiheiten – Individualisierung in modernen Gesellschaften, Frankfurt/M. 1994.

Erstens: Der Zwang und die Möglichkeit, ein eigenes Leben zu führen, entstehen in der *hochdifferenzierten* Gesellschaft. In dem Maße, in dem die Gesellschaft in einzelne Funktionsbereiche zerfällt, die weder aufeinander abbildbar noch durcheinander ersetzbar sind, werden die Menschen jeweils nur unter Teilaspekten eingebunden: als Steuerzahler, Autofahrer, Studentin, Konsument, Wähler, Patientin, Produzent, Vater, Mutter, Schwester, Fußgängerin usw.; d. h. sie werden im andauernden Wechsel zwischen verschiedenartigen, zum Teil unvereinbaren Verhaltenslogiken gezwungen, sich auf die eigenen Beine zu stellen und das, was zu zerspringen droht, selbst in die Hand zu nehmen: das eigene Leben. Die moderne Gesellschaft integriert die Menschen nicht als ganze Person in ihre Funktionssysteme, sie ist vielmehr im Gegenteil darauf angewiesen, daß Individuen gerade *nicht integriert* werden, sondern nur teil- und zeitweise als permanente Wanderer zwischen den Funktionswelten an diesen teilnehmen.

Die Sozialform des eigenen Lebens ist also zunächst nur die *Leerstelle*, welche die sich immer weiter ausdifferenzierende Gesellschaft öffnet. Sie wird angefüllt mit Unvereinbarkeiten, den Ruinen der Traditionen, dem Gerümpel der Nebenfolgen. In den Hohlräumen, welche die einmal regierenden großen Selbstverständlichkeiten mit ihrer Entzauberung hinterlassen, entstehen Trümmerspielplätze des eigenen Lebens.

»Mein Leben?!: ist kein Kontinuum! (nicht bloß durch Tag und Nacht in weiß und schwarze Stücke zerbrochen! Denn auch am Tage ist bei mir der ein Anderer, der zur Bahn geht; im Amt sitzt; büchert; durch Haine stelzt; schreibt; Tausendsdenker; auseinanderfallender Fächer, der rennt; raucht; kotet; radiohört, »Herr Landrat« sagt: That's me!): ein Tablett voll glitzernder snapshots.« *(Arno Schmidt: Aus dem Leben eines Fauns)*

sen der Wirtschaft, der Zerstörung der Natur einmal ganz abgesehen. Manchmal muß nur die Oma, die die Kinder hütet, ausfallen, und die windigen Konstruktionen des eigenen Lebens brechen in sich zusammen.

Drittens: Das eigene Leben ist also das durch und durch *institutionenabhängige* Leben. An die Stelle bindender Traditionen treten die Vorgaben, ein eigenes Leben zu organisieren. Die qualitative Differenz zwischen traditionaler und moderner Biographie liegt nicht darin – was oft unterstellt wird –, daß früher in ständischen und agrarischen Gesellschaften Kontrollen und Vorgaben die Lebensgestaltung auf ein Minimum eingeschränkt und eingeschnürt haben, während diese heute kaum noch bestehen. Gerade im Bürokratie- und Institutionendickicht der Moderne ist das Leben in Netzwerke von Vorgaben und (bürokratischen) Regeln fest eingebunden. Das Entscheidende ist vielmehr, daß die modernen Vorgaben die *Selbstorganisation* des Lebenslaufes und die *Selbstthematisierung* der Biographie geradezu erzwingen.

Früher gab es zum Beispiel sehr genaue Regeln für eine Eheschließung, so daß in manchen Regionen und Zeiten fast die Hälfte der Personen im heiratsfähigen Alter ledig blieb. Heute dagegen laufen viele Vorgaben – des Bildungssystems, des Arbeitsmarktes, des Sozialstaates – auf die Aufforderung hinaus, bei Strafe ökonomischer Einbußen, das Leben in eigener Regie zu gestalten. Die Rechtsnormen des Sozialstaates machen den einzelnen (nicht Gruppen) zum Empfänger von Leistungen – mit der Folge: Die Regel, mehr und mehr und immer mehr ein eigenes Leben zu organisieren, gewinnt an Durchsetzungsmacht.

In traditionale Gesellschaften wurde man hineingeboren (wie etwa in Stand und Religion), für die neuen Vorgaben dagegen muß man selbst etwas tun, aktiv, findig und pfiffig werden, Ideen entwickeln, schneller, wendiger, kreativer sein, um sich in der Konkurrenz

Zweitens: Das eigene Leben ist gar kein eigenes Leben! Jedenfalls nicht in dem Sinne eines frei schwebenden, selbstbestimmten, allein dem Ich und seinen Vorlieben verpflichteten Lebens. Es ist vielmehr genau umgekehrt Ausdruck einer späten, geradezu paradoxen Form der Vergesellschaftung. Die Menschen müssen ein eigenes Leben führen unter Bedingungen, die sich weitgehend ihrer Kontrolle entziehen. Das eigene Leben hängt z. B. ab von Kindergartenöffnungszeiten, Verkehrsanbindungen, Stauzeiten, örtlichen Einkaufsmöglichkeiten usw., von den Vorgaben der großen Institutionen: Ausbildung, Arbeitsmarkt, Arbeitsrecht, Sozialstaat; von den Kri-

durchzusetzen – und dies nicht nur einmal, sondern dauernd, tagtäglich. Die einzelnen werden zu Akteuren, Konstrukteuren, Jongleuren, Inszenatoren ihrer Biographie, ihrer Identität, aber auch ihrer sozialen Bindungen und Netzwerke.

Eigenes Leben heißt also *viertens*: Die *Normal* biographie wird zur *Wahl* biographie, zur »*Bastel* biographie« (Hitzler), zur *Risiko* biographie, zur *Bruch-* oder *Zusammenbruchs-* biographie. In der Risikogesellschaft in diesem biographischen Sinne bleiben selbst hinter den Fassaden von Sicherheit und Wohlstand die Möglichkeiten des Abgleitens und Absturzes immer präsent. Daher das Klammern und die Angst selbst in der äußerlich reichen Mitte der Gesellschaft.

Trotz – oder besser: wegen – der institutionellen Vorgaben und der oft unkalkulierbaren Unsicherheit ist also *fünftens* das eigene Leben zur *Aktivität* verdammt. Es ist selbst im Scheitern seiner Anforderungsstruktur nach ein *aktives* Leben. Jedenfalls müssen, damit die Rede vom »eigenen Leben« sinnvoll ist, Aktivitätsanteile nachweisbar und bewußt sein. Wesentlich ist das Tätigwerden im und am Schicksal, das damit erst zum »eigenen Schicksal«, zum eigenen Leben wird.

Gemeint ist trotzdem nicht der *Schmied* des eigenen Glücks, auch nicht der *Held*, der seine Umstände meistert, oder der *Architekt*, der das Haus des eigenen Lebens plant, bis in die Einrichtung hinein gestaltet. Einzelne Elemente dieser Bilder treffen dennoch zu. Denn oft wird mit Trauer *und* Stolz über Versäumnisse *und* Errungenschaften berichtet; und angesichts der aufbrechenden Entscheidungsmöglichkeiten und Abstimmungszwän-

ge kann es schon erforderlich werden, daß der einzelne zum biographischen Planungsbüro seiner selbst wird. Es kann aber auch sein, daß er ein dilettantischer Situations-Bastler bleibt. Oder scheitert. Oder alles zugleich und nacheinander der Fall ist.

Falsch (im Sinne der Theorie) sind daher die Gegenmetaphern, die das (eigene) Leben als »Zementblock«, »Fels«, »Fluß«, »Kreislauf«, »Rennen gegen Windmühlenflügel« vorstellen. Denn ohne Aktivität im und am Schicksal ist die Rede vom »eigenen Leben« schlechterdings nicht sinnvoll.

Diese Aktivitätsverpflichtung hat eine Kehrseite: Scheitern wird zum *persönlichen* Scheitern – in dem Sinne: es wird nicht als Klassenerfahrung in einer »Kultur der Armut« aufgefangen.

Sechste These: Eigenes Leben – *eigenes Scheitern*. Die Konsequenz ist, daß auch gesellschaftliche Krisen – z. B. Massenarbeitslosigkeit – in Form individueller Risiken auf die einzelnen abgewälzt werden können. Gesellschaftliche Probleme können unmittelbar umschlagen in psychische Dispositionen: in persönliche Schuldgefühle, Ängste, Konflikte und Neurosen. Es entsteht – paradox genug – eine *neue Unmittelbarkeit von Individuum und Gesellschaft*, die Unmittelbarkeit von Krise und Krankheit in dem Sinne, daß gesellschaftliche Krisen *als* individuelle erscheinen und nicht mehr oder nur noch sehr vermittelt in ihrer Gesellschaftlichkeit wahrgenommen werden. Hier liegt auch eine Quelle für die gegenwärtigen Ausbrüche von Gewalt um der Gewalt willen, die sich gegen wechselnde Opfer (»Fremde«, Behinderte, Homosexuelle, Juden) entlädt.

In der Biographieforschung wird unterschieden zwischen dem »*Lebenslauf*« als der Verkettung *tatsächlicher* Ereignisse und der »*Biographie*« als der *Erzählform* der Ereignisse – was keineswegs zusammenfallen muß. Wenn nun in der Biographie *nur* von »Schicksalsschlägen«, »Verhältnissen«, von »fremden

Mächten« die Rede ist, die »hereinbrechen«, »vorgeben«, »erzwingen«, dann wäre das ein Widerlegungsfall der formulierten Theorie. Die Individuen müßten sich im Sinne der vorgetragenen Überlegungen mindestens *auch* als Gestalter ihrer selbst und ihrer Lebensumstände wahrnehmen und schildern, gerade auch in der Sprache des Scheiterns und des Versagens. Ein pragmatischer Grobindikator für die Theorie des eigenen Lebens sind also Elemente einer individualistischen und aktivistischen Erzählform der eigenen Biographie. Die Lebensereignisse werden nicht primär »fremden« Ursachen, sondern auch »eigenen« Entscheidungen (Nichtentscheidungen, Versäumnissen, Fähigkeiten, Unfähigkeiten, Errungenschaften, Kompromissen, Niederlagen) zugerechnet. Das schließt selbstverständlich die Möglichkeiten falschen Bewußtseins nicht aus.

Siebtens: Die Menschen ringen um ein eigenes Leben in einer Welt, die sich immer mehr und offensichtlicher ihrem Zugriff entzieht, ja die unentrinnbar *global* vernetzt ist. Schon die Einlösung des Selbstverständlichsten, reine Luft zu atmen, setzt – zu Ende gedacht – voraus, daß die industrielle Weltordnung umgestürzt würde.

Welchen Sinn macht es denn noch, von einem bestimmten Ort, gar von Heimat zu reden, wenn doch das »hier« überall ist – dank Überschallflugzeug und Telekommunikation? Was antwortet z. B. ein Pendler auf die Frage, wo er lebt? Dort, wo er frühstückt, abends fernsieht und zumeist auch schläft – »und in den Nächten liegen sie abgestellt neben ihren Autos« (Ivan Illich)? Oder dort, wo er arbeitet? Was heißt eigentlich das neuzeitliche »hier und jetzt« bei einem Telefonat mit den USA? Wo und wann treffen sich die beiden im Gespräch: morgens oder nachmittags, in Herne oder Boston – oder über dem (im?) Atlantik?

»*Globalisierung*« des eigenen Lebens meint nicht oder nicht nur ein ökonomisches Phänomen; und es wäre auch falsch, es mit dem Aufkommen eines »Weltsystems« oder einer »Weltgesellschaft« gleichzusetzen. »Globalisierung« meint: *Handlungen über Distanzen hinweg* – eine neuartige »Ortlosigkeit«, die durch Transformation von Raum und Zeit in der Folge globaler Kommunikationsmedien und Massentransportmöglichkeiten entsteht.[2] Auf diese Weise bilden sich nicht nur weltweite Netzwerke, sondern lokale und personale Erfahrungshorizonte werden aufgebrochen. Das eigene Leben wird mehr und mehr von innen her verändert durch Ereignisse, die auf der anderen Seite der Erde geschehen. Umgekehrt haben lokale Lebensstile weltweite Auswirkungen, finden weltweite Verbreitung.

Globalisierung in diesem Sinne ist ein sehr komplexer, widersprüchlicher Prozeß, der neuartige Konflikte und Formen der Abgrenzung erzeugt: So sind beispielsweise das Aufkommen lokaler Nationalismen und die Akzentuierung lokaler Identitäten durchaus als Folgen der Globalisierung zu begreifen, der sie auf den ersten Blick zu widersprechen scheinen. Diese *siebte* These besagt also: Das eigene ist zugleich das *globale* Leben. Das Gehäuse des Nationalstaates ist zu groß und zu klein geworden. Was sich im Innern des eigenen Lebens tut, hat sehr viel mit weltweiten Einflüssen, Herausforderungen, Moden oder der Abschirmung dagegen zu tun.

Die andere Seite der Globalisierung ist Enttraditionalisierung. *Achtens:* Das eigene Leben ist zugleich das *enttraditionalisierte* Leben. Das meint nicht, daß hier Traditionen keine Rolle mehr spielen (oft ist das Gegenteil der Fall). Traditionen müssen aber gewählt, oft erfunden werden und gelten nur im Durchgang durch die Entscheidung und Erfahrung der Individuen. Die kollektiven und gruppenspezi-

[2] Vgl. Anthony Giddens, The Consequences of Modernity, Stanford 1990.

Hella Faust

das Leben mit den unterschiedlichsten, einander widersprechenden globalen und persönlichen Risiken zugemutet.

»Individualisierung« in diesem Sinne meint *Ent*traditionalisierung, aber auch das Gegenteil: die »Erfindung von Traditionen«. Die Idylle – Omas Apfelkuchen, Vergißmeinnicht und Kommunitarismus – hat Hochkonjunktur.

Selbst traditionale, z. B. religiöse Deutungssysteme können sich nicht abschließen, prallen aufeinander, geraten im globalen Raum in Konkurrenz und Konflikt zueinander. Auch der Fundamentalismus in seinen europäischen und außereuropäischen Spielarten ist in diesem Sinne eine Reaktion auf beides: Individualisierung *und* Globalisierung.

Faßt man Globalisierung, Enttraditionalisierung und Individualisierung zusammen, dann wird klar, *neuntens*: Das eigene Leben ist ein *experimentelles* Leben. Überlieferte Lebensrezepturen und Rollenstereotypen versagen. Zukunft kann nicht aus Herkunft abgeleitet werden. Die Lebensführung wird historisch vorbildlos. Eigenes und soziales Leben müssen – in Ehe, Elternschaft ebenso wie in Politik, Öffentlichkeit, Erwerbsarbeit und Industriebetrieben – neu aufeinander abgestimmt werden. Die Unruhe des Zeitalters (Zeitgeistes) hat auch darin ihren Grund, daß niemand weiß, ob und wie dies gelingt.

Die klassische Soziologie, insbesondere der soziologische Funktionalismus, unterstellte ein weitgehend passives Subjekt – idealtypisch den »Rollenträger« – mit relativ stabilem Klassen- und Lebensstil-Habitus.

Das eigene Leben ist demgegenüber *zehntens* ein *reflexives* Leben. Soziale Reflexion – Verarbeitung widersprüchlicher Informationen,

fischen Identitäts- und Sinnquellen (ethnische Identität, Klassenbewußtsein, Fortschrittsglaube) der Industriegesellschaft, die mit ihren Lebensstilen und Sicherheitsvorstellungen bis in die sechziger Jahre hinein auch die westlichen Demokratien und Wirtschaftsgesellschaften gestützt haben, werden aufgezehrt, aufgelöst, entzaubert. Die Folge ist: Alle Definitionsleistungen werden *den Individuen selbst* auferlegt. Auch dieses soll der Ausdruck »*Individualisierung*« besagen.

Der Unterschied zu Georg Simmel, Emile Durkheim und Max Weber, die diesen Prozeß am Anfang dieses Jahrhunderts theoretisch gefaßt und in verschiedenen historischen Stadien durchleuchtet haben, liegt darin: Heute werden die Menschen nicht aus ständischen, religiös-kosmologischen Sicherheiten *in* die Welt der Industriegesellschaft entlassen, sondern *aus* der nationalstaatlichen Industriegesellschaft *in* die Turbulenzen der Weltrisikogesellschaft versetzt. Den Menschen wird also

Gespräch, Verhandlung, Kompromiß – und eigenes Leben sind fast bedeutungsgleiche Wörter. Die Lebensführung muß angesichts vielfältiger, sich widersprechender Anforderungen in einem Raum globaler Unsicherheit aktiv, man kann ruhig sagen: gemanagt werden. »Selbstverwirklichung«, »Selbstbestimmung« sind ja keineswegs nur individuelle Ziele, sondern oft auch öffentliche Lückenbüßer, nämlich die Kehrseite der Folgeprobleme, die alle Teilsysteme auf die dann plötzlich »mündigen Bürgerinnen und Bürger« abwälzen.

Der Zwang zur Selbstverwirklichung, der Aufbruch zu dem fremden Kontinent des eigenen Lebens, geht Hand in Hand mit der Einbindung des einzelnen in weltweite Zusammenhänge. Die Vielzahl sozialer Kreise, in denen die einzelnen zu denken, handeln und leben gezwungen werden, eröffnen in ihrer Kombination überhaupt erst so etwas wie die Unverwechselbarkeit des Individuums.

Die Sozialstruktur des eigenen Lebens entsteht also *elftens* mit fortlaufender Differen-

zierung und Individualisierung, genauer: mit der Individualisierung von Klassen, Kleinfamilien, weiblicher Normalbiographie. Auf diese Weise werden die Gruppenkategorien der Industriegesellschaft kulturell aufgehoben bzw. transformiert. Selbst traditionale Lebensverhältnisse werden *entscheidungsabhängig*, müssen gewählt, gegen andere mögliche Optionen verteidigt und gerechtfertigt und als persönliches Risiko gelebt werden.

Das eigene Leben ist in diesem Sinne eine spätmoderne (ich werde in Präzisierung der Rede von der »Postmoderne« sagen: »reflexiv moderne«) Lebensform, welche – *zwölftens* – *hoch bewertet* wird. Das war historisch keineswegs immer so. In den Räumen der geschlossenen Gesellschaft bleibt das Individuum ein Gattungsbegriff: die kleinste Einheit eines vorgestellten Ganzen. Erst die Enttraditionalisierung, die Öffnung der Gesellschaft, die Vervielfältigung und das Widersprüchlichwerden ihrer Funktionslogiken gibt der Empathie des Individuums gesellschaftlichen Raum und Sinn. So ist die positive Bewertung des Individuums ein wirklich modernes Phänomen, das gleichzeitig bis heute – wie die Rede von der »Ego-« oder »Ellenbogen-Gesellschaft« anzeigt – heftig bekämpft wird. Durch die Geschichte hindurch wird individuelles Verhalten mit abweichendem oder sogar *idiotischem* Verhalten gleichgesetzt.

»Wenn Individualität im Bewußtsein eines Weltbildes auftaucht, so taucht sie auf als behaftet mit einem Makel oder einem Defekt [...] Im Griechischen scheint individuelles Verhalten in dem *kainón*, der gemeinsamen Sache, ausscherendes, ein ideopragmatisches, ja in letzter Instanz ein idiotisches Verhalten gemeint zu haben [...] Ähnliches gilt [...] für weite Teile des frühen Mittelalters, wo Individualität vor allem als ein zu vermeidendes, abweichendes oder sündhaftes Verhalten oder Sein gedeutet ist. Dieser abschätzige Sinn von Individualität zieht sich weit über die Antike und das Mittelalter hinaus bis in die

Hella Faust

Wissenschaften und die bürgerliche Welt, bis ins Motto über Sartres La nausée: ›Ce type n'a aucune valeur pour la société, il n'est qu'un individu.‹ ›Bloß ein Individuum‹ – das ist die knappste Formel für die Gegenposition zur frühromantischen Rehabilitation (und Neudefinition) des Wesens von Individualität [...]«[3]

Tatsächlich ist erst mit der Emphase der Frühromantiker – Friedrich Schleiermacher, Wilhelm von Humboldt, insbesondere Friedrich Schlegel – die Wertehierarchie des Allgemeinen und des Individuellen auf den Kopf (oder die Füße) gestellt worden. Dies geschah so, »daß – im Unterschied zum Besonderen – das ›Einzelne‹ oder ›Individuelle‹ ein Element oder Teil bezeichnet, das vom Begriff des Ganzen aus niemals in einer logischen Kette von Ableitungen zu erreichen ist. Das Allgemeine wird individuell gedeutetes Allgemeines; sein Anspruch auf universelle Geltung bricht sich an der Unvordenklichkeit individueller Sinnbildung«.[4]

Dieser Umsturz, diese Umwertung erfolgt interessanterweise genau dadurch, daß das, was durch die Jahrhunderte hindurch die Abwertung, nun die Aufwertung des Individuums begründet: Das Individuelle kann nicht aus dem Allgemeinen abgeleitet werden. An der *Unvordenklichkeit* des Individuellen zerbricht

[3] M. Frank, Einleitung in Fragmente einer Schlußdiskussion, in: Frank/Haverkamp (Hg.), ›Individualität‹ = Poetik und Hermeneutik, Bd. XIII, München 1988, S. 611. »Diese Abwertung hat vermutlich mit einer im Horizont der abendländischen Rationalität wohl zwangsläufigen Privilegisierung des Allgemeinen vor dem Besonderen und dem Einzelnen zu tun«, merkt dazu Elmar Koenen in seinem Aufsatz: Heinrich und Ulrich an, in: Hohl/Reisbeck (Hg.), Individuum, Lebenswelt, Gesellschaft, München 1993, S. 101.

[4] Frank/Haverkamp, a. a. O., 1988, S. XIV.

nun umgekehrt das nur noch vermutbare Allgemeine. Das »Wesen der Individualität« kann damit, wie Manfred Frank argumentiert, durch »radikale Nichtidentität« gefaßt und ausgezeichnet werden.

Dreizehntens: Eigenes Leben ist so betrachtet das *radikal nichtidentische* Leben.

Methodisch gewendet heißt das: Insoweit das eigene Leben sich gerade dem Zugriff des verallgemeinernden Denkens und Forschens entzieht, wird notwendig, was in diesem Buch versucht wird: Wissenschaft *und* Kunst, Philosophie *und* Photographie, biographische (Re)Konstruktion *und* soziologische Analyse zu verbinden – ohne Patentrezept oder Drehbuch – mit dem Ziel, aus allen diesen Himmelsrichtungen Licht auf die Rätsel des eigenen Lebens zu werfen. Vielleicht, daß auf diese Weise den Ureinwohnern des eigenen Lebens dieses, aus dem Dunkel des Selbstverständlichen gehoben, fragwürdig und merkwürdig wird.

Vierzehntens: Das eigene Leben ist durchaus ein *moralisches* Leben, jedenfalls ein Leben auf der Suche nach einer Moral der Selbstbestimmung, einer Moral *von unten*. Diese darf allerdings nicht mit den eingeschliffenen, abgegriffenen, widerspruchsvoll gewordenen Pflichtformen und -formeln gleichgesetzt bzw. verwechselt werden. Die Frage aber nach der Sozialmoral des eigenen Lebens ist damit auch eine *politische*. Denn gefragt wird auch, wie die veralteten Bilder des Sozialen in den Institutionen mit den Anforderungen und Paradoxien des »eigenen«, global vernetzten Lebens abgestimmt werden können.

Fünfzehntens: Das eigene Leben ist das *Dies-seits*leben, sein Ende ist *das* Ende. Es gibt ein Leben vor dem Tod. Man muß hinzufügen: nur eines. Das ist ein wesentlicher Grund für das (scheinbare) Gegenteil: die Flucht in die Esoterik und die neuen Religionsbewegungen aller Art.

Wie läßt sich diese Theorieskizze des eigenen Lebens gesellschaftstheoretisch verorten?

Für die hier genannten Bedingungen und Bestimmungen des eigenen Lebens – funktional differenzierte Gesellschaft, Zwangsleere, Institutionenabhängigkeit, aktive und individualistische Erzählform der Biographie, Selbstzurechnung auch im Scheitern, Globalität im Sinne von Handlungen über Distanzen hinweg, Individualisierung, enttraditionalisierte, experimentelle, reflexive Lebensform – herrscht in der historischen Typologie des Sozialen das Etikett »*postmodern*« vor. Diese Wortbildung ist nicht nur leer – Vergangenheit plus »post«: Das ist die Formel für die herrschende Begriffs- und Ratlosigkeit. Sie ist auch falsch. Dies kann man sich in der Gegenüberstellung vergegenwärtigen, welche die öffentlichen und sozialwissenschaftlichen Kontroversen bestimmt: *entweder* Industriegesellschaft (Industriekapitalismus, postindustrielle Gesellschaft im Sinne von Dienstleistungsgesellschaft usw.) *oder* Postmoderne.

Die Lebensformen der industriellen Moderne – Klasse oder Schicht, Kleinfamilie,

Laura Ernst

Geschlechterrollen – werden als weitgehend normiert und standardisiert gedacht. Die Lebensformen der Postmoderne gelten demgegenüber als weitgehend beliebig. In beiden Bildern der modernen Gesellschaft wird verkannt, was hier im Zentrum steht: Die *soziale Architektur* des »eigenen Lebens« zwischen Individualisierung *und* Globalisierung, Aktivität *und* Zuweisung von Anforderungen, die sich dem eigenen Zugriff vollständig entziehen.

Die paradoxe Sozialstruktur des eigenen und globalen Lebens kann (theoretisch) entfaltet werden in einer Gedankenfigur, die Modernisierung (im Sinne von Enttraditionalisierung, Individualisierung usw.) auf die Industriegesellschaft selbst anwendet. Das nenne ich »*reflexive Modernisierung*«.[5] Gemeint ist damit zunächst nicht unbedingt Reflexion von Modernisierung, sondern »Reflexivität« im Sinne von ungewollter, oft auch ungesehener Selbstinfragestellung, Selbstveränderung. Modernisierung untergräbt – und verändert! – die Voraussetzungen und Rahmenbedingungen industriegesellschaftlicher Modernisierung; eben im Sinne z. B. von Enttraditionalisierung, Globalisierung und Individualisierung.

»Reflexive Modernisierung« besagt: Es beginnt ein Konflikt *in* der Moderne um die Rationalitätsgrundlagen, das Selbstverständnis der Industriezivilisation, und zwar *in* den Zentren industrieller Modernisierung und nicht nur in den Rand- und Überlappungszonen mit der Privatheit und in den sozialen Bewegungen. Strukturen können nicht mehr nur reproduziert, sie müssen ausgehandelt, entschieden, gerechtfertigt, ja vielleicht sogar neu erfunden werden – in Betrieben und Organisationen ebenso wie in Familien und in der Politik.

[5] Siehe dazu U. Beck, Die Erfindung des Politischen, Kap. III, Frankfurt/M. 1993; Beck/Giddens/Lash, Reflexive Modernisierung, Frankfurt/M. 1995 (englische Fassung 1994 bei Polity Press).

Laura Ernst
Familie spielen

Nein, sagt Laura Ernst, sie habe nicht immer in Göttingen gewohnt, geboren sei sie in Herdecke. Die ersten Wochen des Lebens werden selbstbewußt (ihres Selbst bewußt) in die Biographie eingegliedert.

Die acht Jahre ihres bisherigen Lebens sind deutlich strukturiert. Die ersten fünf Jahre wohnte sie mit ihren Eltern in einer Wohnung des Studentenheims. Nach der Trennung der Eltern war ihre Mutter ein halbes Jahr in Irland, es gab zwei längere Besuche. Als die Mutter, die von Laura oft Barbara genannt wird, zurückkam, wohnte sie nicht mehr bei Lauras Vater. Und bevor Laura in die Schule kam, gerade sechs Jahre alt, war sie mit Barbara in eine Wohngemeinschaft gezogen, in der zwei weitere Erwachsene wohnen. Der Vater ist vor nicht langer Zeit in eine benachbarte Stadt gewechselt. So ist Lauras Biographie gewoben zwischen die ihrer Eltern, die sich voneinander entfernen.

Noch bis vor einem Jahr hat sie mit der Renitenz eines Kindes ihre Sicht der Dinge unmißverständlich deklariert: »Für mich seid ihr Frau und Mann«, hat sie zu Barbara gesagt (sie meinend und ihren Vater), »denn ihr habt ja mich als Kind«. So hat sie die Liebe der Eltern beschworen, der sie ihr Dasein verdankt. Aber irgendwann waren die Realitäten stärker.

Die Mutter hat wieder einen Partner gefunden (er lebt derzeit in Rom), und der Vater lebt mit einer anderen Frau zusammen, die, um das Spiel zu verwirren, auch Barbara heißt. Etwa jedes zweite Wochenende ist Laura dort, wo sie in einem Zimmer einen Teil ihrer Habe deponiert hat; das Leben an zwei Orten will minutiös geplant sein. Dort

hat sie keine Spielkameraden, aber die volle Aufmerksamkeit der Erwachsenen. Manchmal fährt sie »in der Woche auch zu Papa, aber der hat mich – wenn – dann erst um sechs abgeholt«. Die Nebensätze des Alltagslebens schärfen offenbar auch den Sinn für Grammatik.

Der Lebensstandard eines Landes läßt sich vielleicht am leichtesten darüber beschreiben, was einem Kind zukommt (weil das Kind später, wenn es keines mehr ist, den Gegenwert seiner Arbeitsleistung an dem bis dahin Genossenen messen wird): Laura war schon in Irland (zweimal), auf Kreta und Korfu, in Marokko, in Spanien, und überallhin mit dem Flugzeug. Bevor sie acht Jahre alt ist, wird sie in San Francisco gewesen sein. Hier zeigt sich die Konstruktion, zwei Haushalten anzugehören, von seiner vorteilhaften Seite. Sie ist gewissermaßen Einzelkind zweier imaginärer Familien, die erst dann (äußerlich) Familien sind, wenn sie auch da ist. Andererseits muß sie der Wunschstruktur, die jedes Einzelkind belastet, auch standhalten. Von zwei möglichen Varianten, der stillen ernsten und der lebendig verspielten, hat Laura Ernst klar die zweite gewählt. Ihre Chance besteht darin, die vielen Kontakte, die sich ihr bieten, auch zu nutzen. Wenn ihre Freunde bei ihr zu Besuch sind und jeder der Erwachsenen in ihrer »WG« einen Besucher hat – so unser Modellspiel –, finden sich auf den hundert Quadratmetern zehn Leute ein. Jeder der vier Bewohner, Barbara, Laura, Henrik und Silke, hat ein eigenes Zimmer. Der

transportable Fernseher steht auf dem Flur bereit, meist ungenutzt. Man langweilt sich nicht.

Ein Leben zu führen ist eine Sache, es für andere nachvollziehbar zu machen eine andere. So mußte Laura die Frage, wieso Barbara jetzt »mit einem anderen Mann« zusammensei, im ersten Schuljahr beantworten können – eigentlich, bevor sie es selbst akzeptiert hatte. In ganz alltäglichen Situationen wird offenbar, daß der statistische Normalfall in den Köpfen noch nicht etabliert ist. Da kommt zum Beispiel der Anruf einer Schulkameradin, die Laura zum Geburtstag einlädt. Den entsprechenden Tag sollte Laura beim Vater verbringen, weshalb sie am Telefon sagt, sie müsse erst ihren Vater anrufen. Das löst zunächst Verwirrung aus: Warum mußt du ihn anrufen, ist er denn nicht zu Haus? Aber auch Lehrer pflegen das Vater-Mutter-Kind-Modell in normativer Weise. Unter einer Wohngemeinschaft kann sich, andererseits, in einer Studentenstadt fast jeder etwas vorstellen.

Nicht umsonst sind die Ähnlichkeiten der in den siebziger Jahren aufgekommenen »neuen Lebensformen« mit der althergebrachten Großfamilie bemerkt worden. Barbara, die Mutter, entgeht dabei dem engen Entwurf der »alleinerziehenden Mutter«. Sie ist verantwortlich (sie hat das Sorgerecht, das Kind trägt ihren Namen), aber sie muß sich nicht um jedes Detail selbst kümmern. Auch sie hat ein eigenes Leben.

Der stabilste Verband in Lauras Biographie – von der Koalition Mutter/Kind mal abgesehen – ist ihre Clique: Moritz, Stella, Kaya, Laura. In der (Klein-)Kindergruppe im Studentenheim haben sie sich kennengelernt, vor sechs Jahren. »Wir machen fast alles zusammen«, sagt Laura: Sie besuchen dieselbe Schule in der Innenstadt, sie singen zusammen im Schulchor, und sie machen zusammen »dancing sports« in einem privaten Studio. Sie treffen sich reihum – die Familien von Moritz, Stella und Kaya sind »noch« traditionelle Kleinfamilien mit drei oder vier Perso-

nen. Zu den bevorzugten Spielen gehört … nun, Familie zu spielen. Da ist Moritz der Vater, Stella die Mutter, Kaya das Kind und Laura – körperlich die Kleinste – »das kleine Kind«. Die vier sind aus der Sicht Barbaras »die besten Freunde, die ich je unter Kindern kennengelernt habe«.

Barbara ist, wie inzwischen nicht wenige Mediziner, für einige Zeit ohne Arbeit. Sie sucht eine Stelle, in der sie sich als Fachärztin qualifizieren kann. Der mögliche Ortswechsel, der damit verbunden wäre, ist angesichts der sorgfältig austarierten Lebensverhältnisse natürlich »ein ganz heißes Eisen«. Auch die Familie der dritten Art hat ihre Tabus.

Dietrich Liffert
Subjekt der Geschichte

Sein Schreibtisch steht parallel zur Fassade des Rathauses, fast auf gleicher Höhe. Von der niedrigen Innenstadtwohnung aus kann man den Gothaer Marktplatz sehen. Das Bücherregal birgt neben umfangreicher Fachliteratur eine beneidenswerte Sammlung von Belletristik aus DDR-Verlagen, Autoren Ost und West. Die Existenz der DDR hat das Leben Dietrich Lifferts geprägt; allerdings nicht so, wie der Staat es gerne gehabt hätte. Aber auch nicht schlicht »im Gegenteil«.

Jetzt, mit 47 Jahren, versteht sich Liffert als Privatgelehrter. Er ist Inhaber eines »Büros für historische Forschung« mit mehreren Angestellten sowie Mitbesitzer einer kommerziellen Videothek. Die Videothek ist im gleichen Haus zu finden wie die Galerie, die Lifferts Frau betreibt, teils kommerziell, teils als eigener Beitrag zur schmalen Kulturszene der Stadt. Liffert ist gut beschäftigt und hat kaum finanzielle Sorgen. Privatgelehrter zu werden war »das Ziel meines Erwachsenenlebens«; und mit einiger Fortune und gegen unkalkulierbare Widerstände hat er es erreicht.

Schon früh hatte er signalisiert, daß er eigene Pläne hatte. In der achten Klasse sah er sich berufen, eine »Deutsche Schüler Union« zu gründen. Nach dem Abitur wurde er nicht, wie er es gewünscht hatte, an die Universität »delegiert«, um Geschichte zu studieren. In der Hoffnung auf einen uniinternen Fachwechsel belegte er statt dessen das Fach Chemie. Daß er mit anderen die Wandzeitung nutzte, ohne die Beiträge vorab durch die Zensur gehen zu lassen, brachte ihm Ärger mit den Autoritäten ein. Der Wechsel zum Fach Geschichte – oder Psychologie – wurde ihm verwehrt. Nach drei Semestern gab er auf.

Zweimal schien es, als würde sich die SED-geleitete Gesellschaft ein Stück weit öffnen; als würden Nischen entstehen, in denen sich eine politische Gegenkultur ansiedeln könnte. Das erste Mal beim Amtsantritt Honeckers. Liffert war, 1973, längst wieder in Gotha. Dort wurde die neue Freizügigkeit mit einer »Multimedia«-Reihe des Kulturbundes getestet; die Stasi schrieb mit. Nach dem vierten Mal wurde der lokale Versuch, sich zu artikulieren, »wörtlich abgeblockt«. Das zweite Mal, daß Liffert sich vorsichtig Hoffnung machte, hatte zu tun mit der »Aufweichung der Sowjetunion« durch Gorbatschow.

In den anderthalb Jahrzehnten dazwischen hatte es Dietrich Liffert zum Postoberinspektor mit Treuedienstmedaille gebracht. Bei »der Fahne« zu den Funkern gekommen, dann ausgebildet zum Ingenieur des Funkwesens, soeben verheiratet, hatte er dann bei der Post auf die Einhaltung von Funkfrequenzen geachtet. Nicht gerade ein verzehrender Job, sondern eher eine der Nischen, in die man DDR-mäßig abtauchen konnte, wenn man sonst nicht gedurft hatte, wie man wollte: So ging der Großteil der Energien in die autodidaktische Lehre – geschrieben wurde für die Schublade. Als in den Achtzigern ruchbar wurde, daß der Postfunk mit Partei, Militär und Staatssicherheit würde direkt kooperieren müssen, war Liffert klar, daß eine drastische Entscheidung getroffen werden mußte. Wie hieß es zeitgleich auf den Wänden in Kreuzberg? Du hast keine Chance, aber nutze sie.

Weder konnte man sich einfach beim Finanzamt als Freiberufler anmelden, noch war es möglich, »eine Kündigung zu schreiben: Ich gehe jetzt aus politischen Gründen hier weg«. Es traf sich, daß ein in der Nähe gelegenes Dorfkino Filmvorführer brauchte.

Zusammen mit seinem Freund kündigte Liffert den Postdienst, und gemeinsam trafen sie mit der Kreisfilmstelle ein kurioses Arrangement. Sie wurden beide fest angestellt, aber ihre Tätigkeit war tatsächlich nicht mehr als ein Dritteljob. Der Gehaltsanteil für die nicht abgeleistete Arbeitszeit mußte in Kinokarten reinvestiert werden. Statistisch sah es dann so aus, als seien die Lichtspiele gut besucht. So erhielten sich beide, Liffert und sein Freund, was unerläßlich war, um nicht von den Staatsorganen als »asozial« umkreist und beschnüffelt zu werden: die vorzeigbare Anstellung mit Kranken- und Rentenversicherung. Zunächst brachte »die Schein-Anstellung ein hohes Maß an frei verfügbarer Zeit für selbstbestimmtes Tun«.

Die Frage war jetzt nur noch, wovon man wirklich lebt, ohne die gewonnene Zeit wieder einzubüßen. Aber auch da fand sich eine Lösung. Lifferts Frau entwarf damals Kleider – ohne auch nur das Handwerk gelernt zu haben –, nähte sie selbst und verkaufte sie. Liffert und sein Freund stellten im gleichen Haus Gipsbüsten her, die sie an einem Tag in der Woche auf dem Markt in Eisenach feilboten. Bach und Mozart, das lief.

Es ergab sich: eine Anstellung zum Schein, die kaum Arbeit abnötigte; eine offizielle Nebentätigkeit, die in Wirklichkeit das Geld brachte. Seine Studien, bis dahin noch ausgerichtet auf die großen politischen Systeme dieses Jahrhunderts, bekamen eine andere Richtung, als eine Arbeitsgruppe der evangelischen Kirche daran ging, Spuren jüdischen Lebens in der Region zu dokumentieren. Es ergab sich ein Auftrag, der für Liffert weitreichende Folgen hatte: eine Recherche zur Geschichte der Juden in Gotha. Damit hatte er, auch über den Auftrag hinaus, Zugriff auf die Archive.

Er wußte, daß es diese Geschichte gegeben hatte, aber diese Kenntnis war abstrakt. In der Schule war darüber hinweggewischt worden: Da saßen die Machthaber in Berlin, und das KZ war irgendwo im Osten gewesen.

Nun wurde die Geschichte faßbar, und das in zwei Jahrzehnten erarbeitete Wissen war Schlüssel für die Quellenforschung. Er konnte sich ein Bild machen von der jüdischen Gemeinde, von frühem Terror, von planmäßiger Enteignung, »Arisierung«, Deportation: ein lokaler »Raubmord«, wie Liffert es nennt, von erheblichem Ausmaß. Ein Gutteil seiner Mittel investierte er in Fotokopien, um zu Haus ein eigenes Archiv aufzubauen. Die Frage, warum die Geschichte der Juden solange niemand interessiert hat, stellt er jetzt auch an sich selbst.

Dietrich Liffert war zweiundvierzig Jahre alt, als die deutsche Revolution Gotha umwälzte. Er hat sich sofort in der Politik engagiert, die in rasender Geschwindigkeit Geschichte werden sollte. Sein Engagement galt, im Jahre 0 der Neuen Fünf Länder, dem Demokratischen Aufbruch, und er hat zu den ersten gehört, die den Beitritt zur Bundesrepublik gefordert haben.

Und damit auch gerechnet: Die komplizierte Konstruktion mit dem Kino war sogleich überflüssig, und auf den Gipsbüstentourismus würde bald kein Verlaß mehr sein. Liffert öffnete Ohren und Türen für die fixen Angebote westdeutscher Berater, die meisten davon windig. Ein Reisebüro zu eröffnen wurde erwogen und verworfen. So kam es zur Videothek, eine von vieren in der Gothaer Innenstadt und die einzige, die überlebt hat.

Liffert ist inzwischen Leiter des Büros Thüringen der »Jewish Claims Conference«, einer Organisation, die ehemaliges jüdisches Eigentum feststellt, das erbenlos ist. Im Rahmen des Rückerstattungsrechts wird das Eigentum verwertet zugunsten von überle-

benden Opfern des Holocausts. Natürlich ist Liffert ein kompetenter Gutachter, der ja und nein sagen kann. Auf den Job war er vorbereitet.

Als der Demokratische Aufbruch der Christdemokratischen Partei angegliedert wurde, trat Liffert aus; Ende 1993 zog er sich auch aus dem Landesverband der Freien Wählergemeinschaft zurück. Er ist ohnehin kein Mann der Repräsentation, sondern einer des Denkens – die klare Variante. Sein Standpunkt ist ein »kritischer Rationalismus« mit Kant und Popper, eine von Grund auf liberale Position.

Was ist Dietrich Liffert nicht? Ein Schöngeist. Ein Akademiker. Ein Arbeitsloser. Ein Aussteiger.

In der Bundesrepublik wäre er ein '68er, aber mit den Protagonisten dieser Generation kann er sich nicht identifizieren. Wer Ende der sechziger Jahre in der Bundesrepublik die roten Fahnen schwang, hatte sich in der Regel innerhalb des folgenden Jahrzehnts in irgendeiner Form etabliert: in den Schulen, an den Universitäten, in Anwaltspraxen und Behörden. Wer imponierend opponierte, konnte bald mitreden. Im wirklichen Sozialismus galt eine andere Wirklichkeit, ein rigides Dafür oder Dagegen, das zu scharfen Brüchen nach der Wende geführt hat. Dem hat Liffert sich entzogen, indem er dem Staat die Einsicht in seine biographische Konstruktion verstellt hatte. Er ist das geworden, was er werden wollte: durchaus ein Subjekt der Geschichte, die sein Gegenstand ist.

Julia, Regina und Josef Peter
Aus dem Schatten der
biologischen Familie

Ziegen und Ponies ums Haus, ein dreistöcki-
ges Gebäude aus Holz, das auf den Ruinen
einer Sägerei Ende der achtziger Jahre errichtet wurde nach den Maßgaben des Denkmal-
schutzes. Der Familienname als buntes Relief
im Windfang: Peter! Eine oberbayrische
Idylle. Das Haus neben der Mühle in Bruck.
Nummer 4.

Acht Menschen leben zur Zeit unseres
Besuchs im Herbst 1993 in diesem Haus:
Regina Peter, eine schmale, energische Frau,
eine schnelle Sprecherin von erheblicher Elo-
quenz; ihr Mann Josef Peter, ein dunkler,
eher stiller und lakonischer Typ, dessen gewisse Ähnlichkeit mit Mickey Rourke eine
Postkarte in der Küche dokumentiert; Julia,
eine zierliche Zehnjährige, die von einem
geheimnisvollen Lächeln umgeben ist; Mucki,
mit acht Jahren behend und aufmerksam,
vom synergetischen Ebenmaß des Vaters
(wenn auch blond); und Sophie, noch nicht
vier, die im weißgepunkteten roten Kleid die
Rolle der kleinen Prinzessin übt, nicht ganz
ohne Erfolg (»Wo ist mein Hochzeitsschlei-
er?«). Pero Kovacevic, achtzehn, der dem
bosnischen Krieg unter Verlust seines rechten Unterarms entkommen ist. Ferner eine
stille bleiche Frau namens Sadbera Hadzic,
die ihr fünfjähriges Kind Selmir betreut, das
im einzigen stillen Zimmer des Hauses liegt,
schwer krebskrank, und nicht mehr lange zu
leben hat.

Regina und Josef Peters Engagement ist
betont unsentimental und wird auch nicht mit
den Regeln christlicher Ethik begründet. Es
ist Teil einer Geschichte des Paars, das nie
vorgehabt hatte, sich in der Dynamik von
Familie und Suburbia, Arbeit und Freizeit be-

quem einzurichten: »Die Option hat es für
uns nie gegeben, daß wir hier in Rüschen-
kleidchen sitzen und warten, bis der Vater
nach Hause kommt.«

Was die Familie Peter tief geprägt hat,
sieht man fast nicht mehr: Die Neurodermitis
der Tochter Julia, die im zweiten Lebensjahr
sichtbar wurde und über viele Jahre das Leben des Mädchens zur Hölle gemacht hat:
Keine Nacht, die durchgeschlafen wurde, ein
Schwanken des Zustands zwischen bestenfalls schwerem Wundsein bis zum Kampf mit
Abszessen. Eine Krankheit, »nichts, was in
unserer Gesellschaft als wirklich tragisch gilt«
(Regina Peter) und doch die emotionalen
Reserven der Familie abgezapft hat bis zum
letzten Tropfen. Von Nacht zu Nacht, von Therapie zu Therapie. Der Freundeskreis der Familie schrumpft »auf anderthalb« Leute. Das
Leben des Mädchens ist zeitweise in Gefahr.
Ein Psychiater deutet die Krankheit als Folge
einer gestörten Mutter-Tochter-Beziehung,
Salz in die Wunden der Geplagten. Und Un-
sinn, wie man jetzt weiß: Die Krankheit ist
genetisch erblich, die Strapazen von Eltern-
Kind-Beziehungen gehören zum unvermeidlichen Folgeprogramm. Aber nicht die Schulmedizin bringt die Lösung, sondern die Therapie
eines Homöopathen. Innerhalb eines Jahres
verschwindet die Krankheit fast vollkommen.
Julia schläft wieder, spielt mit den anderen,
darf endlich auch baden, und, jüngste Leidenschaft, spielt Fußball im FC Bruck. Und im
Flur. Mit zehn Jahren besucht sie die erste

Klasse des Gymnasiums und hat plötzlich kompatible Kindersorgen: Jeden Tag Englisch ist nicht gut, weil man dann die Hausaufgaben nicht schieben kann. Ende des psychischen Bürgerkriegs in Bruck 4.

Und just als die Krankheit schwindet, die Kleinste dem Babyalter entwächst, entdeckt Regina Peter, daß ihr mit den Strapazen im Schatten der biologischen Familie soziale Kräfte zugewachsen sind, mit denen sie nun zu spielen beginnt. Durch einen Zufall wird sie auf das Schicksal eines krebskranken Kindes gestoßen, dessen Schicksal im jugoslawischen Bürgerkrieg dem der anderen ähnelt und deshalb im Vergleich noch grausamer aussieht. Sie hilft, sie hilft auch Pero, der seit einem halben Jahr bei den Peters wohnt, und mit Pero hilft sie anderen Jugoslawen in der Region, intervenieren, stellvertreten, Behörden beknien und überlisten, übersetzen. Am Fall des Kindes, dem mehrere Operationen nicht helfen können, spürt sie die Grenzen des Möglichen. Gleichzeitig spiegelt sich im Hoffnungslosen ihre Situation mit Julia – und daß Regina und Julia Peter eine gemeinsame Sprache gefunden haben, um über das nun verflogene alltägliche Leid zu sprechen, ist jenseits des homöopathischen vielleicht das eigentliche Wunder. »Ich habe sie geliebt, und ich habe sie nicht ausstehen können«, sagt die Mutter, und indem sie die Ambivalenzen der Fürsorge, die Verstrickung des Helfenden benennt, relativiert sie auch die Rolle dessen, dem geholfen wird, eine Verschiebung vom Objekt zum Subjekt.

Und die Familie ist nicht mehr der konjugale Brunnen im Schoße des Sozialstaats, aber auch nicht mehr das ödipale Knäuel hinter den Fassaden glatter Lebensentwürfe. Mit den komplizierten Vermittlungen, die in einem offenen Haus nötig sind, ziehen gewissermaßen auch die Medien ein, und unser Interesse an der erweiterten Familie Peter (Pero kann man schon gut dazuzählen) hat damit zu tun. Neue Entwürfe werden mit einer gewissen Vehemenz der Prüfung ausgesetzt, das galt schon für die Lebensreform, Summerhill und die Kommunarden. Folglich müssen die Beteiligten mit der Öffentlichkeit, die sie brauchen, auch leben.

Was dabei ohne Widerstand der Beteiligten sichtbar wird, ist, daß auch das nicht leicht ist; vielleicht am deutlichsten an der Rolle von Josef Peter, der den verbalen Code der Familie nicht geprägt hat und nicht dominiert. Mühelos sieht man ihn in einen amerikanischen Western versetzt als den guten Kerl, der nicht viele Worte macht. Aber das ist Aura.

Selbstverständlich, sagt er, besinnt man sich gelegentlich darauf, wie es wäre, nur zu fünft zu sein, auf den Kern der biologischen Familie. Denn den Rollenwandel, dessen Schrittmacher Regina ist, kann Josef nur teils aktiv, großteils passiv vollziehen. Das ist das traditionale Rückgrat der Konstruktion: Josef Peter verdient das Geld, und nach der Arbeit kommt die Erschöpfung. Als Koordinator für Kongresse eines Pharmakonzerns lebt er mit dem überbordenden Wochen- und Wochenendplan des Managements. Es wäre also gut, wenn man nach Hause kommt, am Tisch säßen nicht ein halbes Dutzend Leute, die berieten, wie einer die »Duldung« bekommt oder der Haft entgeht.

Emanzipation nach dem Frauen-Modell der siebziger Jahre: Nachdem Julia durch einen Dachausbau ihr eigenes Zimmer bekommen hat, möchte Josef Peter als nächstes seins.

Hella Faust
Wollen zu dürfen

»Von den zwei deutschen Ländern«, in denen Hella Faust dachte das Leben einer Erwachsenen zu führen, »gibt es keines mehr«. Das sagt sie von Paris aus, wo sie seit 1989 lebt. Im Frühjahr des Jahres hatte sie auf einer Reise nach Hamburg ihre Eltern allein zurückreisen lassen in die triste Republik, aus der sie kam; und die Nachricht des Anfangs vom Ende dieses Staates erreichte sie in einer Sprache, die sie seit ein paar Wochen dabei war, sich anzueignen: »Le mur est tombé.« Ein Bild von Kleistscher Gewalt.

Den Sprung in das dritte Land – zunächst als Au-pair – machte sie »ohne viel nachzudenken«, aber mit einer sicheren Intuition für das, was sie vermißte. So hat sie die Sprache des Landes (in das sie als Deutsche, nicht als Ostdeutsche kam) aufgesogen, und ist geblieben. Während ihr Weggang vor der Maueröffnung ganz deutlich als politischer Dissens zu bewerten war, sind im Zuge des Studentenlebens einige Deutungen dazugekommen. Zum Beispiel erkennt sie in ihrem Schritt von Leipzig nach Paris ein Grundmuster moderner Sozialisation: die Bewegung von der kleineren Stadt in die größere. Schließlich kommen die Pariser auch nicht alle aus Paris.

Während mit dem Osten die konkrete Vergangenheit im Nebel der Reminiszenzen verschwindet, verschiebt sich auch die Deutung dessen, was ihr Dissens tatsächlich war. Frankreich hat für Hella Faust, lebenspraktisch, zur DDR das Gegenmodell geliefert. Man darf genießen; man genießt; und man preist den Genuß. Eine Gesellschaft zwischen halsstarriger Tradition und schwindelerregender Technikgläubigkeit; die rigiden Universitäten, die prächtigen Märkte, die schnellsten

Züge: Selbst in dem, was ihr nicht gefällt, gibt es für Hella Faust »Spannungen«, die es ihr ermöglichen, ihren Platz zu beschreiben. Frankreich, sagt sie, hat kein Problem mit »der intellektuellen Frau«, während sie in Deutschland reduziert werde auf ihr »entsexualisiertes Bild«. Seit sie in Paris ist, muß sie keinen Legitimationskampf mehr führen um das, was man begehren darf – »bestimmte Dinge wollen zu dürfen«.

Genau das war es, was sie an Leipzig nicht ertragen konnte: »Wenn man genießen wollte, war das automatisch mit der Nichteinhaltung der ungeschriebenen Gesetze verbunden. Die Überwachung von jedem durch jeden war nicht nur auf politische Anschauungen gerichtet. Was einem am meisten übel genommen wurde, war, genießen zu können, ohne ein schlechtes Gewissen zu haben.« Gänzlich unreligiös erzogen, ist ihr schlußendlich das Gefühl geblieben, »aus einem ganz protestantischen Elternhaus zu kommen«. Das Harmoniebedürfnis einer Gesellschaft, die sie nach dem Abitur von ihren Interessen fernhielt und mit faulen Kompromissen an sich binden wollte, ist es, wovon sie sich getrennt hat. Ein Stück weit. Geblieben ist eine Schwierigkeit im Umgang mit »Mittel und Zweck: Was hat welche Bedeutung, um wie durchgesetzt zu werden? Ich müßte mehr Wind um meine Sachen machen«. Die tief eingeschliffene Technik (effektiver) Verweigerung erweist sich in einer Gesellschaft als Manko, die vom einzelnen verlangt, das eigene Leben selbst zu erfinden.

Mit 27 Jahren beendet sie das Studium, und es wird Zeit zu entscheiden, ob der Zufluchtsort eine Wahlheimat wird. Das ist ihr klar, seit sie regelmäßig ihren Freund besucht, in Berlin. So kommt die deutsche Teilung als biographische Episode zu ihr zurück. Was immer man dazugewinnt, es bleibt ein Tausch.

Ruth Rutschky
Urbane Traditionen

Ein Schneesturm, der einem die Sicht raubt; warme Sonnenstrahlen auf einen kahlen Wald; ein düsteres Regenszenario: Vor dem Balkon jagen sich die Bilder der Jahreszeiten im Viertelstundentakt. Im Altenstift, hoch über der Stadt Kassel, hatte Ruth Rutschky sich dieses Zimmer nicht ausgesucht. Sie ist dennoch zufrieden. So sieht sie täglich zurück auf die hessische Landschaft, in der sie rund fünfzig Jahre verbracht hat, bevor sie in die Stadt zog.

Sie stammt eigentlich aus Berlin, hat an der Lette-Schule eine Lehre gemacht und mit 25 Jahren geheiratet. Als sie die Metropole an der Seite ihres Mannes –eines Buchhalters und Revisors im Bergbau – verließ, in den dreißiger Jahren, war ihr das nicht schwergefallen. In den achtziger Jahren bewohnte sie allein »eine Wohnung mit 13 Fenstern«. Erst wurde der Garten aufgegeben, dann das Autofahren, dann die Hausgemeinschaft mit einer anderen alten Dame.

»Ich kann mich noch darauf besinnen, wie ich überglücklich war, das erste Mal wieder im Konzertsaal zu sitzen – den Dirigenten zu sehen und das Orchester«: Die Rückkehr in die Stadt, die Anbindung an den Kulturbetrieb, bedeutet auch die Wiederkehr der Erinnerung an die Theater in Berlin vor und nach dem Krieg, an Besuche in Frankfurt (einem Studienort des Sohnes). Sie hat immer Literatur gelesen, Thomas Mann und Theodor Fontane, Thomas Bernhard und Jean Améry, zuletzt Bellow, Eco und Naipaul. Es ist nicht das Zeichen »Bildung«, was sie interessiert, es sind die Dinge selbst. Mit ihrer Art Neugier gegenüber dem Neuen ist sie Städterin geblieben.

Jetzt, zwanzig Jahre nach dem Tod ihres Mannes, ist ihre urbane Herkunft wieder von Bedeutung. Das Altenstift ist selbst eine kleine Stadt, mit von innen begehbaren Ladenzeilen und einer Mensa, die bei »freier Tischwahl« genutzt wird wie ein Restaurant – für Verabredungen und Zufälle. Aber das tägliche Zusammensein bedeutet nicht unbedingt Bindung: »Restlose Verbrüderungen passieren überhaupt nicht. Leute kennen sich zehn oder zwölf Jahre, ohne sich zu duzen. Die Damen schließen sich leichter zusammen als die Herren.« Wichtiger als Differenzen des Standes ist manchmal der erhebliche Unterschied im Alter von bisweilen mehr als dreißig Jahren. Und die Haltung zum Alter, seinen Anfechtungen und seiner Drohung.

Ein halbes Jahr nach ihrer Ankunft lernte Ruth Rutschky »Herrn Müller« kennen. Er wohnt im selben Gang wie sie, auf der Stadtseite. Als alter Eisenbahner ist er viel unterwegs, bei seiner weit verzweigten Familie, oder er wandert, was Ruth Rutschky nicht mehr kann. Sie haben sich schließlich angefreundet, sie sagen »du« zueinander – nachdem »wir uns fast einmal gezankt« hatten. Herr Müller war nämlich gegen die Verhüllung des Reichstags durch Christo, und Frau Rutschky war es egal. Auch in ihrem Urteil zum zeitgenössischen Theater zeigt sich ihre grundsätzlich verschiedene Haltung. Herr Müller möchte nicht, daß die alten Stücke befremdlich inszeniert werden. Frau Rutschky hat ein Abonnement.

Da sitzt sie, die beiden Krücken auf die Seite gestellt, und lacht. Sie quält sich nicht mit dem Anderssein des anderen. Es gehört dazu. Der Krach der Moderne bedroht sie nicht. Sie hat alle »documenten« gesehen. Sie ist sich bewußt, daß sie im Wohlstand lebt, und sie klagt nicht. Im Gegenteil. Die, die klagen, sind ihre Freunde nicht.

Biographische Portraits
Ulf Erdmann Ziegler

Öngün Eryilmaz –
Jazz und Blues

Ulrich Mahlau –
Das Problem Arbeit

Daniel Mansfeld –
Ikone seiner selbst

Gesa Rudolph –
Extreme berühren sich

Oluf Nass –
Ohne Entbehrung entbehrlich

Beate Siegel, Nicolai
und Jannika –
Andere Erfahrungen

Rolf Prosch –
In den Tag hinein

Die Entfaltung des eigenen Raums

Ulrich Beck

In ihrem Essay »A Room of One's Own« (London 1929) schreibt Virginia Woolf: »Sie haben mich eingeladen, zu Ihnen über ›Frauen und Dichtung‹ zu sprechen, und werden sich fragen, was hat das mit dem Thema zu tun, das ich behandeln werde – einen Raum für sich selbst?« Und sie antwortet: »Alles was ich sagen kann, ist ein scheinbar vernachlässigenswerter Gesichtspunkt – eine Frau muß über eigenes Geld und einen Raum für sich selbst verfügen, um zur Dichterin zu werden.«

Wer hinter sich abschließen kann, besitzt die Möglichkeit, Konventionen zu brechen und abzustreifen. »Ein Schloß vor der Tür bedeutet die Macht, eigene Gedanken zu entwickeln.«

Im Ringen um den »eigenen Raum« geht es um mehr als die räumliche Gliederung des Alltagslebens. Es geht um Kontrolle und Subversion, um das Abschütteln von äußeren und inneren Zwängen. Es geht um die Errichtung und Sicherung eines *inneren* Raumes – als Voraussetzung des eigenen Lebens. Eigener Raum bedeutet Unabhängigkeit, also (verbotene) Lektüre, Kontemplation, Faulheit, Onanie, Langeweile, Selbstbefragung, im Schutz des Nichtgesehenwerdens Eigenes zu erproben. Hier und so beginnt die Unberechenbarkeit des Sozialen.

Wer fragt, wie die Entstehung des eigenen Lebens zugleich materialisiert und symbolisiert, veranschaulicht werden kann, wird daher kaum ein farbigeres, aussagekräftigeres Beispiel finden als die »Wohnraum-Revolution«, die sich seit der Mitte der fünfziger Jahre, wenigstens in Westeuropa, ereignet hat. Es scheint nicht übertrieben, von einer architektonischen Demokratisierung zu sprechen. Die Kinderzahlen schrumpften und schrumpfen, die Anzahl der Personen pro Haushalt wurde geringer. Im selben Zeitraum und Ausmaß, nur gegenproportional, vergrößerten sich die Wohnungen: Vom engsten Raum, in dem alles geschah – jenem Schlafwohneßarbeitsspielzimmer –, zu einer funktionalen Aufteilung und schließlich sogar zu

6 Großhaushalte nehmen ab, Klein-
haushalte nehmen zu, nicht nur in
Großstädten, ganz allgemein:
1871 waren 6,2 % der Haushalte in
Deutschland Einpersonenhaushalte,
deren Anteil stieg dann kontinuier-
lich an (1939: 9,8 %, 1950: 19,4 %,
1971: 26,7 %, 1981: 30,8 %, 1990:
35 %); wobei interessanterweise die
gleiche Entwicklung, abgeschwächt,
auch in der ehemaligen DDR zu
beobachten war: 1950 21,7 %, 1971
26 %, 1981 26,6 %, 1990 28,5 %. Im
Gegensatz zu früher dominiert nicht
mehr die Gruppe der Verwitweten,
sondern die der Ledigen (44,3 % der
Einpersonenhaushalte gegenüber
37,9 % Verwitweten). Allerdings bedeutet das Alleinwohnen nicht unbedingt ein Alleinsein: »25 % aller ledigen Alleinlebenden wohnen im Um-
kreis von ca. 15 Minuten Wegzeit
von ihren Eltern entfernt und besuchen diese täglich oder mehrmals
wöchentlich« (Galler, Heinz P. / Ott,
Notburga 1993: Empirische Haus-
haltsforschung: Erhebungskonzepte
und Analyseansätze angesichts neu-
er Lebensformen. Frankfurt/M. /
New York: Campus, S. 92); ähnliches
kann man auch für Verwitwete
bemerken. Vielleicht kann man auch
hier von einem »Living-apart-
together« von »Familien« sprechen
– und nicht nur bei Paaren. Hier wird
in Ansätzen sichtbar: Das Recht auf
einen eigenen Raum gefährdet nicht
(nur), sondern *ermöglicht* »Familie«
in einem neuen Sinne. Vielleicht
wird räumliche Trennung zur Voraussetzung für das Knüpfen und Pflegen sozialer Bindungen?

einer räumlichen Individualisierung: dem
selbstverständlichen Anrecht jeder Person
auf ihren eigenen Raum bzw. ihre eigenen
Räume.

Den (vorläufigen?) Gipfel dieser Entwicklung – weniger Kinder, mehr Raum – bezeichnen die »Einpersonenhaushalte«. Diese sind
überhaupt erst in der zweiten Hälfte dieses
Jahrhunderts aus dem Ei geschlüpft, haben
sich aber seitdem nachgerade epidemisch
vermehrt: In westdeutschen Großstädten
haben die Einpersonenhaushalte inzwischen
bei allen Wahlgängen des Wohnens die absolute Mehrheit, ihr Anteil liegt bei über 50 Prozent (mit steigender Tendenz).[6]

»Es ist nicht übertrieben«, schreibt Antoine
Prost, »die in den Wohnverhältnissen der
meisten Franzosen eingetretenen Veränderungen als Revolution zu bezeichnen. In der
modernen Wohnung … kann jedes Familienmitglied seinen eigenen Raum behaupten.
Die vermehrte Freizeit … erlaubt jedem, diesen Raum nach Belieben zu nutzen und zu
genießen. Das Familienleben konzentriert
sich auf bestimmte Zeiten – die Mahlzeiten,
den Sonntag – und auf bestimmte Orte – die
Küche oder das, was man seit dem Zweiten
Weltkrieg ›living room‹ nennt. Das Dasein zerfällt in drei ungleiche Teile: das öffentliche
Leben, das im wesentlichen Arbeit bedeutet,
das private Leben in der Familie und das persönliche Leben.«[7] Das eigene Leben wird
hier als »persönliches« Leben gegen die Pri-
vat- gleich Familiensphäre einerseits und das
Draußen der Öffentlichkeit, der Arbeit, andererseits abgegrenzt und mit der Abgeschie-
denheit der eigenen vier Wände identifiziert.

Durch die Geschichte hindurch bis zu den
fünfziger Jahren gab es klare Klassengrenzen
des Wohnens. Lassen wir den Adel einmal
außen vor. Schon der Begriff »Wohnen« mit
seiner nüchternen Zweckbestimmtheit paßt
hier nicht. Demgegenüber sehr wohl das
schon von seinem Sprachklang her mit mär-
chenhaften Assoziationen erfüllte Schatzwort
»Schloß« – jenes exemplarisch-historische

Gegenextrem zu den »Ein-Personen-Wohn-Waben«, welche die individualisierte Gesellschaft auf den Raumpunkt bringen: verschwenderische Raum-Reichtümer, Raum-Räume, die die nahe Verwandtschaft der Worte »Adel« und »edel« einmal mehr augenfällig machen. Die bürgerliche Wohnung – vom Adel her betrachtet: ein Hühnerstall, ein Dienstbotengefängnis – bot soziologisch-statistisch betrachtet durchaus reichlich Platz: »Es gab Empfangsräume, eine Küche mit Nebengelaß für die Bedienstete(n), ein eigenes Schlafzimmer für jedes Familienmitglied und oft noch weitere Zimmer; ein Foyer und mehrere Korridore verbanden diese separaten Räume miteinander.« Sie war durchaus ein Abbild jenes bürgerlichen Individualismus mit seiner Adelsorientierung, seinem Zweckprunk, seinem Repräsentationsbedürfnis, der seinem auf dem Sicherheits- und Machtbewußtsein des Kapitalbesitzes gegründeten Stolz Ausdruck verlieh.

Die »Entfaltung« des eigenen Raumes verrät die Einstellung des Blicks: von unten nach oben. »Unten« bedeutet Enge. Dies wird am Zusammengepferchtsein von Bauern und Arbeitern deutlich. Sie hausten in Unterkünften, in denen in einem oder zwei Räumen viele alles verrichten mußten. Diese – »Häuser« ist das falsche Wort, »Hütten« wäre eine Beleidigung – »Behausungen« auf dem Lande bestanden oft nur aus einem einzigen Raum, in dem gekocht, gegessen, geschlafen, gezeugt, gearbeitet und – soweit überhaupt – gespielt wurde.

»Um 1900 vermittelten medizinische Untersuchungen der hygienischen Verhältnisse auf dem Land [...], daß in solchen Räumen bis zu vier Betten aufgestellt waren, in denen

jeweils mindestens zwei Personen nächtigten. Der verbesserte Lebensstandard der Bauern bewies sich um die Jahrhundertwende und erst recht in der Zwischenkriegszeit im Anbau von ein oder zwei Schlafkammern. Neben der Anzahl der Zimmer war deren Größe ein Indikator für Armut oder Reichtum ihrer Bewohner – es gab Tagelöhner, die zwei Kammern besaßen, und bäuerliche Familien, die in einem riesigen Gemeinschaftssaal lebten. [...] Dem Zensus von 1906 zufolge wohnten in Städten mit über 5000 Einwohnern 26 Prozent der Menschen zu mehr als zwei Personen in einem Zimmer, 36 Prozent wohnten zu zweit oder jedenfalls nicht allein in einem Zimmer, 16,8 Prozent hatten ein Zimmer für sich, und nur 21,2 Prozent hatten mehr als ein Zimmer für sich« (ebd., 65 f.).

Noch 1954 zeichnet die Volkszählung »ein frappierendes Bild von der Primitivität der französischen Wohnverhältnisse: Von 13,4 Millionen Wohnungen hatten nur wenig mehr als die Hälfte (58,4 Prozent) fließendes Wasser, ein Viertel (26,6 Prozent) verfügte über eine Innentoilette, ein Zehntel (10,4 Prozent) über Bad oder Dusche und über Zentralheizung. Selbst wenn man bedenkt, daß hierbei die rückständigen ländlichen Gebiete besonders ins Gewicht fallen, ist es kaum zu fassen, daß uns von diesem Zustand nur vierzig Jahre trennen« (ebd., 67 f.).

Der Eingeborene des eigenen Lebens, dem der eigene Raum selbstverständlich geworden ist, fragt sich mit einiger Fassungslosigkeit, wie in dieser räumlichen Enge z. B. die vielen Kinder gezeugt wurden, während wir Einlinge in unserem Drang zur Separatheit kaum noch ein einziges zustande bringen. Bevor gekalauert wird, daß genau darin der Grund liegt, mag man Studien über das menschliche Sexualverhalten in Schlafeßkinderküchenspielzimmern heranziehen (sozialwissenschaftlicher Voyeurismus – akademisch »Forscherlust« genannt – kennt keine Grenzen). Sicherlich kann man schon auf den er-

[7] A. Prost, Grenzen und Zonen des Privaten, in Ariès/Duby (Hg.), Geschichte des privaten Lebens, Bd. 5, Frankfurt/M. 1993, S. 76.

sten Blick erkennen, daß Proletarier- und Bauernkinder keinen »Aufklärungsunterricht« (hatte Kant das gemeint?) benötigten: Für sie galt das frühe Motto »learning by seeing«.

Wie sollte es auch anders sein? Bürgerliche Moral, bürgerliche Sexualtabus (auch die Verlockungen der Verbotserotik!) haben ihren Preis: Räume. Nur wer sich verstecken, wer die Tür hinter sich verschließen kann, kann sich Tabus leisten. Sexualtabus sind Reichtumsindikatoren. Bei allen anderen läßt schon die Raumlosigkeit das Versteckspiel mit der Sexualität nicht zu. »Über die Menstruation der jungen Mädchen wußten alle Bescheid, ja, in Bergarbeiterfamilien wurde darüber auf demselben Wandkalender in der Küche Buch geführt, in den der Kumpel seine Schichtzeiten eintrug« (ebd., 74).

Unfreiwilliger elterlicher Anschauungsunterricht darüber, wie Bienen Blüten bestäuben, fand also in der Fraglosigkeit des fehlenden Raumes statt. »Es ist der Sittlichkeit kaum abträglich«, befindet 1894 ein Fachmann, »daß alle oder fast alle Hausbewohner im selben Raum schlafen. Im Gegenteil resultiert hier eine Art gegenseitiger Kontrolle [...] nur die Schamhaftigkeit leidet, aber diese Peinlichkeit ist nicht so groß, wie Menschen, die seit jeher das Alleinschlafen gewöhnt sind, vermuten sollten.«

Nun denn, der Mann bewies Weitsicht. Hier hat man in einer Nußschale die ganze Theorie: *Enge kontrolliert, Weite sabotiert.* Viele auf wenig Raum, das schweißt zusammen. Wenige auf viel Raum, das gefährdet das Gemeinwohl. Anders gesagt: Die Entfaltung des eigenen Raums unterhöhlt die Ordnung (der Klasse, der Familie, des Staates).

»Léon Frapié berichtet von einem Ehepaar, das mit seinen Kindern in einem kleinen Zimmer wohnte; vor der Liebesumarmung wurden die Kinder ins Treppenhaus geschickt, wo sie, auf den Stufen sitzend, geduldig warteten, bis man sie wieder hereinrief. [Blödsinn! Die haben ums Schlüsselloch gekämpft, du Narr!] Daß Frapié dieses Paar als Muster der

Zartheit und Schamhaftigkeit preist«, schreibt Antoine Prost weiter, »läßt darauf schließen, daß die meisten Eltern sich in derartigen Augenblicken nicht vor ihren Kindern verbargen; der Historiker aber merkt an, daß die sexuelle Aufklärung von Kindern und Jugendlichen erst in den sechziger Jahren unseres Jahrhunderts zum Problem geworden ist [...]« (ebd., 74).

Man hat oft betont: Erst Raum ermöglicht Privatheit. Die proletarische und bäuerliche Enge erlaubt zwar die Grenzziehung zur Straße, zur Öffentlichkeit; schon diese war aber durchlässig. Das Familienleben fand auch außerhalb der eigenen Wände – auf der Straße, in den Wiesen – statt. Doch auch im Familienraum war so etwas wie »Privatheit« ausgeschlossen, herrschte eine Unterart von Öffentlichkeit, jene Familien-Öffentlichkeit, die keinerlei oder kaum individuelle Absonderung und Abschottung erlaubt. »Das Wort ›Familienbande‹«, sagt Karl Kraus, »hat einen unangenehmen Beigeschmack von Wahrheit.« Unter den Augen der Familie war ein eigenes Leben schon vom Raum her ausgeschlossen.

Ab Mitte der fünfziger Jahre setzte dann der radikale Wandel ein: In Frankreich wurden »1953 über 100 000 neue Wohnungen gebaut, 1959 über 300 000, 1965 über 400 000; zwischen 1972 und 1975 wurden jährlich über 500 000 Wohnungen fertiggestellt – mehr als in der gesamten Zwischenkriegszeit« (ebd., 69). Für die reichlich fließende staatliche Förderung wurden Richtlinien erlassen. Der Staat normierte und sanktionierte die Eine-Person-ein-Raum-Philosophie. Ein bewohnbares Zimmer – so die Förderungsvorschriften – mußte mindestens neun Quadratmeter groß sein. Eine Wohnung hatte aus Küche, Wohnzimmer, Elternschlafzimmer und ein bis zwei Kinderzimmern zu bestehen. So entstanden die Wohnwaben an den Rändern der Städte. Für viele, die sich kein Eigenheim – jene Utopie vom Paradies auf Erden des eigenen Lebens – leisten konnten, symbolisierten diese Bunker der Privatheit den Sprung in die Moderne. Die soziale Wohnungsbaupolitik schaffte die Raumstruktur für einen kollektiven sozialen Aufstieg *innerhalb* des Systems, auch des fortbestehenden Systems sozialer Ungleichheiten. Sie erschloß einem großen Teil der Bevölkerung Wohnverhältnisse, die früher dem Bürgertum vorbehalten gewesen waren (von Lage, Qualität, Ausstattung einmal abgesehen). Der Demokratisierungsprozeß bekam ein architektonisches Gesicht.

Auch in Deutschland gibt es eine Art *»Anrecht auf ein eigenes Zimmer«*. Die Bremer Verwaltungsanordnung zur Förderung des sozialen Wohnungsbaus vom 19. 12. 84 besagt beispielsweise folgendes: »Als ›außergewöhnlich beengt‹ kann in der Regel solcher Wohnraum angesehen werden, der mindestens 25 v. H. unter den […] angegebenen Mindestgrößen liegt und bei dem darüber hinaus nicht auf jedes Familienmitglied – es sei denn, es gehören mehrere Kleinkinder (bis zum vollendeten 6. Lebensjahr) zum Haushalt – ein Wohnraum in ausreichender Größe entfällt.« Entsprechend wird in Armutsberichten das Maß eine Person / ein Zimmer zugrunde gelegt (so z. B. bei Hanesch u. a. 1994: Armut in Deutschland. Der Armutsbericht des DGB und des Paritätischen Wohlfahrtsverbandes, Reinbek bei Hamburg). Danach sind in Westdeutschland ca. 10% und in Ostdeutschland ca. 16% unterversorgt. (Allerdings heißt dies nicht unbedingt, daß jede Person ein institutionell abgesichertes Recht auf ein eigenes Zimmer hat! Vielmehr könnte man auch unter dem Aspekt von innerfamilialer Ungleichheit die Verteilung funktional differenzierter Wohnungen untersuchen. Wer bekommt ein Anrecht auf ein Arbeits- bzw. Hobbyzimmer?

Am Beispiel München läßt sich die allgemeine Entwicklung zeigen: Die Einwohnerzahl *geht zurück* (1972: 1 338 924, 1987: 1 253 282, 1992: ansteigend auf 1 320 643), die Wohnungen *nehmen zu* (1972: 509 437, 1987: 626 688, 1992: 660 736 Wohnungen). Die immer wieder beklagte »Wohnmisere« in München mit ihren drastisch gestiegenen Miet- und Bodenpreisen resultiert also nicht aus einer geringeren Anzahl von Wohnungen (oder zu kleinen Wohnungen), sondern aus einem erhöhten Wohnbedarf und gewachsenen Ansprüchen sowie den besseren materiellen Voraussetzungen vieler, sich diese zu erfüllen. In dem Gegensatz: *weniger* Einwohner, *mehr* Wohnungen, *wachsende* Wohnmisere drückt sich die Macht aus, mit der das Ringen um einen eigenen Raum alles verändert: die Architektur, die Stadtplanung, den Wohnungsmarkt, die Bodenpreise etc.

Im Schnitt verfügt die Bevölkerung in Westdeutschland inzwischen pro Kopf über rund 36 Quadratmeter Wohnfläche. »Das heißt«, meint Kurt Biedenkopf, »wir haben eine riesige Kapitalbindung vorgenommen, um die Individualisierung des Wohnens zu ermöglichen. Wir haben ähnlich große Kapitalbindungen vorgenommen, um die Individualisierung des Verkehrs zu ermöglichen. Und wir haben uns auch sonst enorme Kapitalbindungen geleistet, um die Expansion des Individuellen zu ermöglichen. Voraussetzung für die Expansion des Individuellen war und ist zudem eine ständig gesteigerte kulturelle, geistige und politische Leistung.«

Hier hört man schon durch, was die Stunde geschlagen hat: Die Philosophie des eigenen Raumes verschlingt Geld, bindet und zerstört Ressourcen, vervielfältigt den unnützen und in der Summe gefährlichen Bedarf an Kühlschränken, Energie etc. Ist der eigene Raum der Beginn der ganz normalen Subversion? Der »Antipolitik« (Konrad)? Vielleicht sogar das Schlupfloch für Nicht- und Wechselwähler? Wurzelt hier die »Politikverdrossenheit«, die »Ego-Gesellschaft«?

Das fremde eigene Leben – Globalisierung und Politisierung der Lebensführung

Ulrich Beck

Öngün Eryilmaz

Wer vom »Individuum« spricht, scheint doch zumindest noch eine Gewißheit zu haben. Er kennt die *Einheit* des eigenen Lebens – das »Unteilbare«, das »Individere«. Die Romanciers haben früh diesen Irrtum aufgedeckt und aufgespießt. *Don Quijote* bewegt sich nach der Logik der Vergangenheit, den Regeln der verfallenen Welt des Rittertums, in den Vorzeichen einer Moderne, der die alten Eindeutigkeiten zur Legende geworden und neue nicht greifbar sind. Er verirrt sich in einer Welt der *Ambiguitäten*, die dann entstehen, wenn Gott seinen alles überschauenden und ordnenden Ort verläßt (oder verliert, das bleibt offen) und die Kosmen gegensätzlicher Wahrheiten sich tragisch-komisch mischen.

Später in Flauberts *Madame Bovary* hat sich die Außenwelt verengt. In sie hineinzustürmen erscheint unmöglich. Der Abenteuergeist wendet sich nach innen. Es beginnen die Entdeckungsreisen zum nächsten und daher unbekanntesten Kontinent – zu dem des eigenen Ichs. »Die verlorene Unendlichkeit der Außenwelt wird durch die Unendlichkeit der Seele ersetzt. Die große Illusion der unersetzbaren Einmaligkeit des Individuums, eine der schönsten europäischen Illusionen, entfaltet sich. Doch der Traum von der Unendlichkeit der Seele verliert seine Magie in dem Augenblick, in dem die Geschichte oder das, was von ihr übriggeblieben ist, die übermenschliche Kraft einer allmächtigen Gesellschaft, sich des Menschen bemächtigt.«[8]

Die Gesellschaft verspricht keinen Marschallstab mehr, sie annonciert allerhöchstens den Posten eines Landvermessers. Bei Kafka wird der Mensch auf seine *Aktenlage* reduziert. Und diese ist prinzipiell widersprüchlich. »Was kann K. angesichts des Gerichtes, angesichts des Schlosses tun? Nicht mehr viel. Kann er zumindestens träumen wie seinerzeit Emma Bovary? Nein, die Falle der Situation ist zu schrecklich und saugt seine Gedanken und Gefühle wie ein Staubsauger auf: Er kann nur noch an seinen Prozeß, an seinen Posten des Landvermessers denken. Die Unendlichkeit der Seele, falls es sie überhaupt gibt, ist ein gewissermaßen überflüssiges Anhängsel des Menschen geworden« (ebd.).

Wer das eigene Leben entdeckt und nach seinen Gründen (und Abgründen) sucht, fällt ins Bodenlose. Genauer: das eigene Leben erscheint als Schnittstelle zweier Unendlichkeiten, die einmal nach innen, einmal nach außen verlaufen und sich verlieren. Das *Individuum* ist gerade nicht – wie Nietzsche sagte – das Unteilbare, sondern das Teilbare, das *Dividuum*. Als Zwischenstadium in der unendlichen Teilbarkeit taugt es nicht als Einheit. Es ist oder wird ganz unklar, ob Individuen *ein* oder mehrere Leben, eine oder viele Identitäten haben oder leben sollen oder wollen; ebenso wie unklar wird, worin das »Eigene« des »eigenen« Lebens eigentlich besteht.

Erst wenn die Menschen nicht nur fragen und sich erinnern: »Wer bin ich? Wie bin ich geworden, der ich bin?«, sondern dieses auch erzählen, beginnt dieser seltsame Zwang, die Einheit einer Biographie in der Erzählung des eigenen Lebens herzustellen. Ist das Individu-

Öngün Eryilmaz

um die Erfindung der Erzählung von ihm? Ist die Geburt die *Legende* des Individuums, seine *Paßform*, die wir dann herstellen, wenn wir uns »ausweisen« und rechtfertigen müssen? Ist die Einheit also die *Erzählform* einer unendlich zergliederten Vielheit und Widersprüchlichkeit der Lebensverzweigungen und -ströme, die wir gar nicht benennen, auf die wir nur verweisen können, die wir aber dann behaupten und mit Messern und Klauen verteidigen, wenn wir wie Schüler aus unserem Selbstschlaf gerissen werden und auf die Frage des Lehrers: »Wer bist Du?« antworten müssen?

»Kurz vor dem Übergang zum unvollendet gebliebenen dritten Buch des ›Mannes ohne Eigenschaften‹ bemerkt Ulrich (die Hauptfigur des Romans von Robert Musil), daß er sein ›privates‹ Leben nicht mehr in Form einer biographisch erzählbaren Identität auffassen kann, sondern nur als gleichsam selber ›öffentliches‹, wie es ›sich in einer unendlichen Fläche ausbreitet‹. Wie in anderer Weise bei Proust, Joyce, Johnson, Schmid oder Bernhard sind hier die Grenzen des subjektorientierten biographischen Erzählens erreicht und überschritten. Für das ›Dividuum‹, zerfallen in sein immer empfindlicheres, selbstbeobachtendes Sensorium und in die unüberschaubare Menge seiner diskontinuierlichen, heterogenen, zufälligen und widersprüchlichen Objektivierungen, ist Biographie zum unabschließbaren Projekt geworden.«[9] Die Vielheit und Fremdheit, die das eigene Leben umgreift, läßt sich soziologisch aber sehr wohl bestimmen. Sie entsteht, man könnte fast sagen: explodiert mit der galoppierenden Modernisierung. Das einfache, traditionale Leben ist grob gesagt nach innen und außen durch Kirche und Klasse verschlossen. Es »klebt« an der Allgemeinheit, die es darstell-

8 M. Kundera, Die Kunst des Romans, München 1986, S. 16.

9 E. Koenen, a. a. O., S. 104 f.

Daniel Mansfeld

te, z. B. als ständische Existenz, und ist auch von der Teilhabe im Glauben an ein ewiges Leben jenseits des irdischen kaum ablösbar.

Vielheit und Fremdheit des eigenen Lebens entstehen erst mit den Zersplitterungen der Moderne. Hier entsteht auch der Zwang und der Selbstzwang, sich über sich und andere in allen möglichen und unmöglichen Hinsichten Rechenschaft zu geben. Das reflexive Ich ist der *Detektiv seiner selbst*, der, so muß man genauer sagen: ewige Detektiv, der nicht aufhören kann, über sich zu ermitteln und zu berichten. Dieser legt Akten an, bereitet Antworten vor. Diese Antworten haben ein durchaus amtlich (inzwischen auch psychologisch, soziologisch) gestanztes und verwertbares Passepartout. Aber gerade dieser unauslöschlich detektivische Zwang, mit dem das Ich das Ich begleitet, ihm hinterherfragt und vorwegäugt, seine Spuren und Perspektiven sammelt, verbürgt die Einheit des eigenen Lebens. Eigenes Leben ist ein anderes Wort für die *Reflexion* des eigenen Lebens. Und aus dieser notwendig werdenden (gesellschaftlich-individuellen) Selbstreflexion, Selbstbeobachtung entsteht beides: der biographische, der Erzählzwang zur Herstellung der Einheit und die unendliche Vielfältigkeit und Zwiespältigkeit des eigenen Lebens (was dieses für sich oder an sich oder sonstwie auch immer sein mag). Es entsteht ein Beobachtungshorizont – ein sozial verbindlicher Diskursraum –, der das eigene Leben überregional, übernational, letztlich ins Globale hinein öffnet.

Wenn man die Vielfalt, die das Individuum in der Dauerberichterstattung über sich selbst immer wieder vermitteln muß, umdreht, entdeckt man, daß das eigene Leben zugleich in einem bestimmten Sinne tatsächlich ein *globales* Leben geworden ist. Dieselben Bedingungen, die die Eigenheit des eigenen Lebens erzwingen, bedingen auch seine Öffnung ins Globale:

Für *Geld* ist dies klar; das hat schon Georg Simmel gezeigt. Es öffnet die kleinen und knüpft (in Abhängigkeit von individuellen Entscheidungen) die großen, letztlich globalen Kreise; beispielsweise Versorgungsmöglichkeiten und Dienste können nun überall »gekauft« und damit konsumiert werden.

Auch im Durchlaufen von formalen *Ausbildungs*prozessen geschieht Vergleichbares. Der einzelne wird aus dem Gesichtskreis seiner Herkunft herausgelöst und in neue fachliche Sichten und Sprachen eingeführt. Fachsprachen, wie borniert und verschlossen sie sein mögen, öffnen, überspringen Grenzen. Fachwelten sind ihrem Zuschnitt nach kosmopolitische Welten, auch wenn sie inhaltlich borniert sein mögen.

Zugang gewinnt der einzelne im *Test*. »Getestet« werden heißt: Er oder sie wird in eine große Maschinerie hineingeschüttet und findet sich hinterher in eine bestimmte Leistungshierarchie einsortiert wieder.

Dieser Vorgang – das ist das Rätsel des Leistungsprinzips – ist so organisiert, daß er zwar sozial gesteuert werden kann (Konstruktion von Tests, von Leistungsstandards), aber zugleich »selbsttätig« vom einzelnen ihm selbst zugerechnet werden muß.

Der *Fernsehzuschauer* ist – idealtypisch – zugleich einsam und mit der Welt verkabelt. Die Welt bricht per Knopfdruck bei ihm ein. Alles Fremde verliert seine Fremdheit. Mindestens in dem Sinne, daß man davon schon einmal etwas gehört, gesehen hat. Der Fernsehzuschauer wird – letztlich – zum virtuellen Weltbürger.

Globalisierung ist ein Vorgang, der zwar schon lange eingesetzt hat (eigentlich mit dem Siegeszug des Marktes), aber erst mit dem Knüpfen weltweiter Mediennetzwerke alltäglich erfahrbar wird. Symbolisiert wird dies durch ein Ereignis, das den Zerfall der Sowjetunion einleitete. Der russische Präsident Boris Jelzin wendete sich angesichts des Putsches gegen Gorbatschow im Herbst 1991 via CNN, also über einen weltweiten amerikanischen Fernsehsender, an sein eigenes Volk. Die erste weltweite Fernsehsatellitenübertragung markiert die Schwelle hin zur Globalisierung des eigenen Lebens.

Globalisierung darf nicht mit dem Errichten eines »Weltsystems« verwechselt werden. Es ist keineswegs nur ein Phänomen »da draußen«, sondern ein Vorgang, der sich auch *im Inneren* des eigenen Lebens abspielt, direkt in dieses interveniert, mindestens Bedingungen schafft, mit denen sich das eigene Leben überall unmittelbar auseinandersetzen muß.

Auch wäre es falsch, Globalisierung wesentlich als einen Vereinigungs- oder Vereinheitlichungsprozeß zu denken. Es handelt sich nicht um einen Prozeß, der auf die eine oder andere Weise *Gutes* bewirkt, Interessen aufhebt, neue verknüpft usf. Globalisierung erzeugt ebenso *Fragmentierungen*, neue Formen *internationaler Ungleichheit* und daraus resultierende globale Konflikte (zum Beispiel um die Erzeugung und Beendigung industrieller Naturzerstörungen). Gemeint ist also nicht eine Globalisierung von »goods«, viel eher eine Globalisierung von »bads«. So oder so brechen aber lokale Kulturräume auf und geraten unter Zwang, sich auf die eine oder andere Weise mit den hereinstürmenden Normen, Verlockungen, Gütern, Gefährdungen auseinanderzusetzen.

Ein wesentlicher Motor der Globalisierung ist die Verwissenschaftlichung des eigenen Lebens. Die ökologische Frage ist ein Beispiel dafür. Das »Gift der Woche« – das ja immer wieder wissenschaftlich ermittelt und massenmedial verkündet werden muß – zwingt (solange man daran glaubt) dazu, den Essensplan, den Einkaufszettel umzustülpen. Durch den Einmarsch der Wissenschaften in das eigene Leben wird dieses bis in seinen genetischen Code hinein durchsichtig und gestaltbar gemacht. Der Selbst-Detektiv wird mit ganz neuen Spurensicherungs- und Gestaltungsmöglichkeiten ausgestattet. Mehr noch: Der Detektiv wird ermächtigt. Er wird zum Selbstchirurgen befördert. Er gibt sich nicht länger mit einer platonischen Beobachtungsmethode zufrieden; er kann nun das eigene Leben bis in seine inneren Körperzwecke hinein gestalten. Was Bodybuilding im kleinen vermag, betreibt der genetische Selbstchirurg im großen: Selbstkleingötterei.

Spätestens hier fällt eine Merkwürdigkeit auf: Während sich z. B. Staaten (aber auch alle anderen Organisationen) eingrenzen und abschließen lassen, gelingt dies ausgerechnet auf der kleinsten Einheit des eigenen Lebens offenbar nur sehr mangelhaft. Der einzelne durchläuft nicht nur in seiner täglichen Mobilität die verschiedenen »Logiken« der Teilsysteme – vom Verkehr über den Betrieb, die Ämter, die Politik bis hin zum Ort und Hort seiner selbst: der Privatheit. Er ist auch sozusagen noch von innen her nach außen hin offen. Überall schlagen Nachrichten, Gifte, Bilder, Anforderungen, Widersprüche herein. Das eigene Leben ist prinzipiell leck. Es ist gewissermaßen die Welt, die alle Umwelten in sich enthält, gegen die alle anderen gesellschaftlichen Teilsysteme sich abgrenzen. »Welt der Umwelten« – diese Formel gilt auch im Sinne einer Versammlungsstätte sogenannter »Nebenfolgen«: Alle wälzen alles Mögliche und Unmögliche auf das eigene Leben ab. Dafür gibt es ein liebevolles Wort: der mündige Bürger.

So betrachtet ist es nicht verwunderlich, daß das eigene Leben von innen her politisch wird. Die Grenzziehungen zwischen Öffentlichkeit und Privatheit greifen nicht mehr. Die Politisierung des eigenen Lebens ist allerdings nicht gleichzusetzen mit einer Links-rechts-Politisierung im parteipolitischen Sinne. Sie entspringt vielmehr aus den Optionen, in die die eigene Lebensführung zerspringt.

Alles, was im Linksrechts-Schema industriegesellschaftlicher Politik als Verlust, Gefahr, Abfall und Verfall gilt – die Beschäftigung mit sich selbst, die Fragen: wer bin ich?, was will ich?, wohin treibt es mich?, kurz, die Ursünden des Individualismus –, führt zu einer andersartigen Identität des Politischen, die Anthony Giddens »life politics« nennt: Wie lassen sich Solidaritäten der eigenen Leben basteln? Wie lassen sich Abhängigkeiten und Interdependenzen, die in das eigene Leben eingebaut sind, in Verantwortlichkeiten bündeln, zuspitzen und auf diese Weise politisch und subpolitisch zur Geltung bringen? Wie lassen sich Arbeit und Leben in Modelle einfassen, die die Müllhalden der Nebenfolgen, zu denen das Mündiger-Bürger-Dasein verkommen ist, entlasten? Wie können Aktivitäten freigesetzt werden, die das aktive Mißtrauen in Institutionen und Eliten auch in die Alternativen aktiven Vertrauens umzumünzen verstehen, damit das lächerliche Zwergenunternehmen eines »Umbaus« der Industriegesellschaft endlich in Gang kommt?

Es wäre ein Mißverständnis, daß man dieses wollen oder nicht wollen kann. Das Politischwerden des eigenen Lebens läßt sich nicht verhindern. Lebenspolitik ist Lebensstilpolitik, d. h. Zusammenprall divergenter Lebensstilgruppen mit eingebauten, eingebildeten Exklusivwahrheiten, die nur schwer zu schlichten sind. Wie schwer, das kann heute schon an den Konflikten um das Abtreibungsrecht (»eigener Körper – eigenes Leben«) abgelesen werden: Hier treffen in Tabuzonen der Entstehung des Lebens »contradictory certainties« – sich ausschließende Gewißheiten – aufeinander. Vielleicht entstehen Lebensstilreligionen, die neue Kreuzzüge gegeneinander austragen. Dafür sind Schlichtungsformen und -formeln schwer zu finden.

Denn viele der Entscheidungen sind unentscheidbare Entscheidungen – in dem Sinne, daß alle Alternativen Schuld auf sich laden. Auf diese Weise werden die philosophischen Fragen des Existentialismus veralltäglicht. Sören Kierkegaards Beschäftigung mit der Angst als der Kehrseite der Freiheit, die Fragen, wer wie Tod und Leben definiert, über Tod und Leben entscheidet, zwingen sich in der Not des Entscheidenmüssens jedem auf, werden zu großen Themen, die alle elektrisieren.

Das eigene und zugleich globale Leben ist zur Grundkategorie des Sozialen geworden, der Horizont, in dem sich die Welt bricht, und aus dem das Soziale in Zukunft entwickelt und begründet werden muß.

Das Einigeln im eigenen Leben scheint aus sich heraus alle soziale Identität stiftenden Ideen abzustoßen. Das Gegenteil ist – auch – der Fall. Im Kampf um das eigene Leben gewinnt eine *europäische* Tradition alltägliche Bedeutung: Dieses Ringen »verbindet« Franzosen mit Engländern, Polen mit Italienern,

Deutsche mit Finnen und Portugiesen, und zwar nicht von oben und außen aufoktroyiert, sondern im Kern des eigenen Selbstverständnisses. Der Ausdruck »verbindet« hat dabei aber einen besonderen Sinn. Er meint nicht ein europäisches Nationalbewußtsein im Sinne des 19. Jahrhunderts, sondern dessen Zerfall: das (kollektive) Ringen um ein eigenes und zugleich global gewordenes Leben in unentwirrbarer Vielfalt. Man könnte von einem »Europa *der Individuen*« als der *Nicht*-Identität des Nationalen sprechen.

Dieser Streit um ein eigenes Leben (das inzwischen auch zum globalen geworden ist) unterscheidet durchaus den europäischen Weg von dem anderer Kulturen. Er verweist, vielfach gebrochen, auf den altgriechischen Anfang Europas, die italienische Renaissance, die Reformation, die englische und französische Revolution, die amerikanische Unabhängigkeitserklärung, ja er verbindet die Kritik der reinen Vernunft mit dem Zusammenbruch des Ostblocks, sogar mit dem ganz alltäglichen Kampf der Menschen – durch »wilde« Ehen, Scheidung, Wiederverheiratung, mehrere Elternschaften hindurch –, das eigene und das soziale Leben neu aufeinander abzustimmen. In diesem oft nervigen Streit für und gegen den alltäglichen Individualismus – in Familie, Jugend, Arbeit, Politik – ist Europa lebendig. Die europäische Frage, die die Menschen umtreibt, ist die Frage: Wie lassen sich die historisch gewachsenen Ansprüche auf ein eigenes Leben mit den veralteten Vorgaben des Sozialen in den Institutionen verbinden?

Zugegeben: auch dieses »Europa der Individuen« ist ein Risiko. Aber, um ein Bild von Niklas Luhmann aufzugreifen: Wir müssen diesen Frosch küssen, auch wenn wir nicht wissen, ob er sich dadurch in einen Prinzen verwandeln wird.

*Beate Siegel,
Nicolai und Jannika*

**Eigenes Leben – eigene Armut:
Wo verläuft die Grenze
zwischen Risiko-
und Gefahrenbiographie?**

Ulrich Beck

Doch sind das nicht alles Schönwetterbilder einer Gesellschaft in der Wohlfahrtsnische, die mit den aufgezogenen Unwettern – Krieg in Europa und über vier Millionen *registrierter(!)* Arbeitsloser in Deutschland (im Sommer 1997) – seltsam verstaubt anmuten? Galt die Rede vom eigenen Leben vielleicht nur gestern und gilt heute nicht mehr angesichts wachsender Armut und der Verwahrlosung der Städte? Setzt eigenes Leben nicht eigenes Geld, eigenen Beruf, eigenen Raum und die elementare Sicherheit voraus, an der nächsten Ecke nicht ausgeraubt oder abgestochen zu werden? Ist nicht in all diesen Dimensionen das eigene Leben in seiner Substanz bedroht? Liegt hier nicht der Grund für die kaum noch versteckten Irrationalismen, die Gewaltanfälligkeit – nicht nur am Rande der Gesellschaft, sondern auch aus ihrer Mitte heraus?

Entspricht die Rede vom eigenen Leben vielleicht der Sicht der *Gewinner*, während die Verlierer noch stumm, gleichwohl mit Gewalt zeugender Ungeduld unter die Räder geraten? Sind die Gewinner von heute vielleicht die Verlierer von morgen? Und ist es nicht diese Angst vor dem Abrutschen, Abstürzen, die selbst die Gewinner von heute schon klammern und zittern läßt?

Tatsächlich haben wir in der alten Bundesrepublik eine Art »*Vollkasko*-Individualisierung« (hoher Wohlstand, hohe soziale Sicherheit) erfahren, die nun in die Turbulenzen einer »*Zusammenbruchs*-Individualisierung«, wie sie die kollektive Freisetzung aus der staatlich verordneten Normalbiographie der

44

DDR darstellt, und zu einer »*Armuts*-Individu-alisierung« gerät, die aus der Talfahrt der Wirtschaft entsteht. Aber eigenes Leben bedeutet ohnehin nicht Überwindung, sondern im Gegenteil vielfach *Verschärfung* sozialer Ungleichheiten.

Erstens öffnet sich die Einkommensschere. Zweitens werden immer mehr Gruppen – zumindest vorübergehend – von Arbeitslosigkeit und Armut betroffen. Drittens folgen diese immer weniger den Klassenstereotypen und sind daher auch immer schwerer identifizierbar und damit als politische Kraft zu organisieren. Nicht nur Arbeitslosigkeit, z. B. auch Scheidung, plötzliche Krankheit oder Kündigung einer noch erschwinglichen Wohnung bilden typische Falltüren in die Armut, in die Obdachlosigkeit. Viertens müssen in den Existenzformen des eigenen Lebens die Menschen das, was früher als Klassenschicksal gemeinschaftlich verarbeitet wurde, nun

als persönliches Schicksal, individuelles Versagen sich selbst zuschreiben und oft allein verkraften.

»Man ist kein Mensch mehr. Der Gesichtsverlust ist unbeschreiblich«, faßt ein ostdeutscher Arbeitsloser seine Misere in Worte. In den neuen Bundesländern hat dieses Gespenst der Arbeitslosigkeit inzwischen direkt oder indirekt die Mehrheit der Menschen in ihren Fängen. Daß Arbeitsverlust »Gesichtsverlust« bedeutet, gilt dort in einem noch tieferen Sinne: Die DDR war auch im emphatischen Sinne des Wortes eine »Arbeitsgesellschaft«; hier wurden die Menschen im Nest der Arbeit – oft noch nach ihrem Ausscheiden im Rentenalter – vergemeinschaftet.

Eigenes Leben heißt: Enttraditionalisierung, Freisetzung aus vorgegebenen Sicherheiten und Versorgungsbezügen. Das eigene Leben wird prinzipiell zu einem *riskanten* Leben. Die Normalbiographie wird zur (scheinbaren) Wahlbiographie, zur *Risiko*biographie in dem Sinne, daß (fast) alles entscheidungsabhängig wird. Gleichzeitig ist das auf sich gestellte Individuum kaum noch in der Lage, angesichts der Undurchschaubarkeit und Widersprüchlichkeit der modernen Gesellschaft die unvermeidbaren Entscheidungen fundiert und verantwortlich, d. h. auch im Hinblick auf mögliche Folgen, zu treffen.

Hier wird eine Unterscheidung wesentlich, die die Epoche der klassischen Industriegesellschaft insgesamt von der der Risiko- bzw. Gefahrengesellschaft trennt. Beide haben es (im Unterschied zu traditional geprägten Gesellschaftsformen) mit *hergestellten* Unsicherheiten zu tun, also solchen, die aus *Entscheidungen* des Modernisierungsprozesses selbst hervorgehen (Technik, Wirtschaft, Politik, aber eben auch eigener Lebensführung). In der Industrieepoche wurden nun Regeln erkämpft, die unvorhersehbare Folgen indu-

Ulrich Mahlau

strieller Produktion (wenigstens prinzipiell) vorhersehbar machen sollen (z. B. Versicherungsschutz); dieser gesellschaftliche »Versicherungsvertrag« (F. Ewald) wird im Atom-, Chemie- und Genzeitalter (potentiell) gebrochen: Viele Zukunftsindustrien balancieren jenseits der (privaten) Versicherungsgrenzen, d. h. sie negieren die wirtschaftlichen Maßstäbe der Kontrollierbarkeit. Für die Soziologie des eigenen Lebens ist es nun analog wichtig, zwischen Lagen biographischer Unsicherheit zu unterscheiden, die den Individuen *noch*, und solchen, die ihnen *nicht mehr* kalkulierbar und kontrollierbar erscheinen. Jene nenne ich »*Risiko*biographie«, diese »*Gefahren*biographie«.

Derartige Grade gesellschaftlich hergestellter Lebensunsicherheit gegeneinander abzugrenzen ist sicherlich ein schwieriges Unterfangen. Die Grauzonen sind breit und unübersichtlich, da die Grenze selbst letztlich nichts anderes als die *Wahrnehmung* der Grenze aus der Sicht der Individuen ist. Dafür lassen sich zwar objektive Indikatoren, Ressourcen und geltende Normalitätsmaßstäbe untersuchen; aber all dies kann nicht darüber hinwegtäuschen, daß die Grenze zwischen noch kalkulierbarer Risikobiographie und nicht mehr kalkulierbarer Gefahrenbiographie der Subjektivität des Meinens, Unterstellens, Erwartens, Hoffens und Unkens Tor und Tür öffnet.

Und doch wird man sagen müssen: Wenn eine wachsende Zahl von Menschen – warum auch immer – sich von Verhältnissen überrollt sieht, die sie mit ihren Mitteln und Fähigkeiten nicht durchschauen, zähmen oder ignorieren können, dann ist allein dieser Sachverhalt für die Gesellschaft (und die Gesellschaftsanalyse) von großer Bedeutung. Der Zwang zur Selbsttätigkeit, Selbstorganisation kann in *Verzweiflung* und damit möglicherweise in stumme, brutale *Wut* umschlagen. Wahrgenommene Gefahrenbiographien bilden den Nährboden für Gewalt und Neonationalismus.

Nicht allein das Verblassen der Traditionen, nicht jener ominöse Zerfall der Werte, schon gar nicht die Verlockungen des eigenen Lebens, sondern dessen dauerhafte elementare Überforderung machen den Kern des Problems aus. In vielen Bereichen der Zusammenbruchs-Individualisierung (neue Bundesländer) und der Armuts-Individualisierung (Massenarbeitslosigkeit) scheint diese Situation bereits erreicht bzw. überschritten zu sein.

Daß dieses Urteil so unscharf ausfällt, hat viele Gründe; einer der wichtigsten ist, daß Arbeitslosigkeit und Armut unter den Bedin-

gungen des eigenen Lebens immer weniger dauerhaft eine Gruppe treffen, sondern *lebensphasenspezifisch querverteilt* werden. Schematisch gesprochen: Die Gegensätze sozialer Ungleichheit tauchen als Gegensätze zwischen Lebensabschnitten innerhalb *einer* Biographie auf. Lebensverläufe werden bunter, brüchiger, heteronomer, vielschichtiger. Das heißt nun auch: Ein wachsender Teil der Gesamtbevölkerung ist mindestens vorübergehend Arbeitslosigkeit und Armut ausgesetzt. Dies läßt sich exemplarisch an einer Untersuchung in den USA zeigen. Danach befanden sich z. B. im Jahr 1978 6,8 % der Bevölkerung mit ihrem Einkommen unter der amtlich definierten Armutsgrenze. Anhand der Längsschnittdaten war jedoch zu sehen, daß lediglich 54 bis 65 % der in einem Jahr zu den Armen Zählenden sich auch im folgenden Jahr noch unter der Armutsgrenze befanden. Dagegen waren in dem Zeitraum von 10 Jahren nur 0,7 % der Befragten durchgängig arm; über 24 % der Befragten waren aber mindestens in einem Jahr von Armut betroffen.[10]

Ähnliche Daten zwingen dazu, die Rede von der »Zwei-Drittel-Gesellschaft«, nach der ein Drittel der Gesellschaft dauerhaft unterprivilegiert ist, auch für Deutschland zu präzisieren. Viele Armutsforscher schlagen vor, von einer »75-15-10-Gesellschaft« zu sprechen: Drei Viertel waren im Untersuchungszeitraum niemals arm, etwa 15 % waren kurzfristig (ein- bis zweimal) und ca. 10 % längerfristig (mehr als dreimal) arm (z. B. Leisering/Voges 1992).

Die Höhe und Konstanz der Zahlen täuscht also darüber hinweg, daß Arbeitslosigkeit und Armut nicht gleich als dauerndes Fatum, sondern zunächst oft *mit den leisen Sohlen des*

Ulrich Mahlau

[10] Siehe dazu P. A. Berger, Statussicherheit und Erfahrungsvielfalt, München 1993 (Habilitationsschrift), S. 12.

Rolf Prosch

Vorübergehenden ins Leben eintritt, geht und kommt und irgendwann einmal seßhaft wird. Um es mit einem Bild von Joseph Schumpeter zu sagen: Der Bus der Massenarbeitslosigkeit ist mit einer Gruppe von Stammarbeitslosen besetzt, die sich durch Sitzenbleiben herauskristallisiert. Ansonsten herrscht aber ein allgemeines Kommen und Gehen.

Es steigen immer wieder neue Personen zu und andere aus. In diesem allgemeinen Hin und Her lassen sich zwar von einem äußeren Beobachtungsstandpunkt – sagen wir aus der Vogelperspektive eines mitfliegenden Hubschraubers – einige Merkmale ausmachen und entsprechende Gruppenhäufungen. Für die Beteiligten in der unmittelbaren Wahrnehmung jedoch handelt es sich um eine zusammengewürfelte Menge auf ihren Ausstieg wartender Einzelner. Es ist wie in der U-Bahn. Man fährt ein paar Stationen mit, steigt wieder aus. Beim Einsteigen denkt man schon ans Aussteigen; ans Aussteigenwollen, das *jeder* mit sich herumträgt, ebenso wie *jeder* seine besondere Geschichte des Zusteigens auf den Lippen hat. Die Menschen begegnen sich eher verlegen. Die neue Armut verkriecht sich hinter den eigenen vier Wänden, bleibt in dem schrillen Skandalcharakter, den das Ereignis hier hat, *aktiv* verborgen. Nicht klar ist, was schlimmer ist – entdeckt zu werden oder nicht entdeckt zu werden, Hilfe empfangen zu müssen oder noch länger zu entbehren. Die Zahlen sind da. Aber man weiß nicht, wo die Menschen sind. Es gibt Spuren. Das abgemeldete Telefon. Der überraschende Austritt aus dem Club. Aber sie verweisen nur noch einmal auf die Mauern des scheinbar Vorläufigen, mit dem sich die neue Armut auch dort umgibt, wo sie endgültig geworden ist.

Dies ist eine äußerst zweischneidige Entwicklung. Der Skandal konstant hoher, wachsender Massenarbeitslosigkeit mit Langzeitperspektive bleibt politisch (relativ) folgenlos. Massenarbeitslosigkeit wird *wegindividualisiert*. Doch kann man auch die Kehrseite herausstellen: In dieser Querverteilung liegt auch ein Stück *Demokratisierung* der Massenarbeitslosigkeit, ein Stück Umverteilung des Mangels, der Chancenangleichung nach unten – gleiches Unrecht für alle! –, denn auch »die da oben« sind vor Armut und Arbeitslosigkeit nicht mehr völlig sicher.

Nicht nur unter den Armen, auch unter den *Reichen* gibt es ein Kommen und Gehen. Wie Peter A. Berger zeigt, überschreiten »lediglich gut 4 % [...] die Einkommensgrenze von 150 % des monatlichen Pro-Kopf-Einkommens durchgängig (im Durchschnitt wären dies mehr als 12 %); nochmals 4,5 % gelingt der Sprung darüber in die Sphären höherer Einkommen. Andererseits machte aber fast ein Viertel der Männer und Frauen zwischen 1984 und 1989 in der Bundesrepublik mindestens einmal die Erfahrung, sich mit mehr als 150 % des durchschnittlichen Einkommens in einer vergleichsweise privilegierten Situation zu befinden, so daß Reichtumslagen genauso wie Armutslagen in »einen stabilen, aber eher kleinen ›Kern‹ und eine deutlich größere, instabile ›Peripherie‹ zerfallen« (ebd., 14).

Diese Dynamik, dieses Muster könnte darauf hindeuten, daß – soweit sich diese Ergebnisse überhaupt auf die neunziger Jahre übertragen lassen – die Scheidelinie zwischen Risiko- und Gefahrenbiographie in Deutschland *jedenfalls noch nicht massenhaft* überschritten worden ist. Umgekehrt heißt dies aber auch: Ein ganz offensichtlich strukturell bedingtes Massenschicksal verwandelt sich in der Optik des eigenen Lebens in Schuld. *Eigenes Leben = eigene Armut: Das ist der Kreuzigungsweg des Selbstbewußtseins*. So wird Arbeitslosigkeit – etwas Äußerliches – in die Person hineingedrückt, ihr zur Eigenschaft.

Die neue Armut verschwindet in ihrer Stummheit *und* wächst in ihr. Dies ist ein ebenso skandalöser wie prekärer Zustand, der der politischen Anwaltschaft dringend bedarf. Denn Armut, die sich aus den sozialstrukturellen Auffangbecken der Klassen und politischen Organisationen herausentwickelt, in den Brechungen des eigenen Lebens verschwindet und sich verschärft, ist dadurch noch lange nicht verschwunden. Im Gegenteil: sie wird zum Ausdruck einer *massenhaften Labilisierung* der Existenzbedingungen bis in die äußerlich wohlhabende Mitte hinein, deren politische Wirkkraft ebenso neu wie unberechenbar und global ist.

Öngün Eryilmaz
Jazz und Blues

Öngün hat manchmal ein Bild vor Augen: »Eine Zweierreihe im Flugzeug, am Fenster, meine Eltern und ich. Ich glaube, ich sitze bei meiner Mutter auf dem Schoß, sehe aus dem Fenster und habe ein bleiches Gesicht.«

Sie ist damals drei Jahre alt, ihre Eltern fliehen vor den rechten Putschisten aus der Türkei. Ihr erstes Quartier liegt in der Essener Innenstadt, die Lage ist unsicher, die Mittel sind knapp. Öngün lernt ihr Deutsch innerhalb von Monaten. Sie kommt in den Kindergarten und wechselt mit ihren Eltern noch vor der Schulzeit in eine Siedlung der Neuen Heimat am Stadtrand, wo sie auch jetzt noch wohnt.

Mit zehn Jahren trifft sie eine ungewöhnliche Entscheidung: Sie geht aufs französische Gymnasium. Ihr gefällt die Sprache.

Mit ihren Eltern (die erst 1992 wieder in die Türkei reisen durften) war Öngün in Griechenland, Italien, Frankreich und Dänemark in Ferien, auf Tagesausflügen in Belgien und Holland.

An Samstagen zwischen viertel vor sechs und viertel vor sieben ist Öngün schlecht zu erreichen. Da sieht sie »Beverly Hills 90210«, allein zu Haus oder mit ihrer Freundin Editha, deren Eltern aus Polen gekommen sind. Öngüns Gunst gilt Luke Perry, der als Dylan McKay einen Schüler im letzten Schuljahr spielt – ein James Dean-Typ, der im Unterschied zu seinen Mitschülern einen Bungalow für sich allein bewohnt. Die Serie ist ohnehin kein Beispiel für die berühmten amerikanischen family values: Sämtliche Teenager kämpfen mit sozialen Drachen wie Drogen, schnellem Erfolg, zerstobenen Projektionen und Einsamkeit – weit gefährdeter und schon verloren sind allerdings die Eltern, Repräsen-

tanten einer verdächtig gewordenen hedonistischen Generation. Dylan McKay – intelligent, zärtlich, introvertiert und unbestreitbar allein – ist in diesem Setting besonders anziehend. Er, der Melancholiker, ist es denn auch, der am Ende des letzten Schuljahres beginnt, seine Geschichte aufzuschreiben, was bedeutet: Er hat auch eine.

Öngüns Lebensstil ist für eine junge Türkin in Deutschland eher ungewöhnlich. Ihre Familie bezeichnet sie als »türkisch und deutsch«, ihre Schule versetzt sie nach Frankreich, die imaginären Helden leben an der Westküste Amerikas. Das krasseste Bild ihrer Situation wäre wohl, wenn sie unter den Augen Luke Perrys in dem türkischen Gebetsbuch lesen würde, das ihr der Großvater mitgegeben hat, in einer Sprache, die sie nur teilweise versteht. Aber nein, sagt sie, darin liest sie gar nicht mehr.

Sie empfindet ihre Situation nicht als Seiltanz. Von Deutschland hat sie sich so viel genommen, wie sie möchte: die Sprache vor allem, und die geographische Position in Europa. Schwieriger wird es, wenn die Wahl der Staatsbürgerschaft ansteht. »Deutsche« – sagt sie jetzt »will ich nicht unbedingt sein. Eine Mischung ist schon ganz nett.« Öngün ist mit zwölf zugleich unbefangen und vorsichtig, leicht und präsent. Sie hat ihren Platz behauptet, ohne Spuren von Kampf. Das Taschengeld spart sie für eine brandneue Levis. Am Klavier lernt sie Jazz und Blues.

Ulrich Mahlau
Das Problem Arbeit

Der Ruf ins Chefzimmer, das Schließen der Tür, das »Bitte schön« und die Zigarre: die Filmszene ist ihm erspart geblieben, statt dessen kam die Kündigung ins Haus. Die Entlassung hat Ulrich Mahlau »im tiefsten Punkt getroffen«. Im Nachhinein fragt er sich, ob es nicht besser gewesen wäre, er wäre noch früher arbeitslos geworden. »Jetzt ist der Markt schon aufgeteilt. Vielleicht«, sagt Ulrich Mahlau, »ist mein Problem sogar, daß ich alles verstehe.« Wem sollte man die Schuld auch zuweisen: Allen oder einem? Denen, die abgetaucht sind oder denen, die jetzt Entscheidungen treffen?

Es geht ihm ja auch gar nicht schlecht. Noch nie haben er und seine Frau Elisabeth so viel Geld zur Verfügung gehabt – und so viele Möglichkeiten, damit auch etwas anzufangen. Die jüngere Tochter war bereits als Austauschschülerin in Amerika. In ihrem Zimmer steht ein ansehnlicher PC (Familienbesitz). Die ältere Tochter studiert in Freiburg. Göttingen, wo die Großeltern wohnten, wird nun regelmäßig besucht, ohne Angabe von Gründen und ohne Schikanen. Was Ulrich Mahlau nur aus dem Erdkundebuch der fünfziger Jahre kannte, ist wieder greifbar geworden: Maria Laach, die Loreley, der Hamburger Hafen, das Wattenmeer und der Rheinfall zu Schaffhausen. Das Merkwürdige ist, das die Vereinigung des Landes sein Leben spaltet. Er ist fünfzig Jahre alt und in eine andere Wirklichkeit gefallen, die er sehr gut kannte. Aus dem Fernsehen.

Daß aus der DDR nichts mehr werden würde, hat Ulrich Mahlau, »schon gespürt: Mit dem 81er Parteitag hatten viele von uns Veränderungen erwartet, die nicht gekommen sind, und mit dem 86er Parteitag hat jeder erwartet, daß Honecker abgelöst würde – und dann haben alle die Flügel hängen lassen.« Aus der SED ist Ulrich Mahlau im Dezember 1989 ausgetreten, weil sie sich nicht, wie er es erwartet hatte, selbst auflöste. Sein Blick zurück ist kritisch und selbstkritisch zugleich, und das läßt seine Position authentisch erscheinen. Satz für Satz muß diese Position behauptet werden.

Die Arbeitslosigkeit ist für ihn ein individuelles Schicksal, das er nicht zum Maßstab macht – um so mehr, als er es zu überwinden sich vorgenommen hat. Er ist überzeugt, daß die Übernahme des VEB Erfurt electronic Friedrich Engels durch eine westdeutsche Firma kein Immobiliencoup war, sondern ein Versuch, den Betrieb mit 2100 Angestellten »in abgespeckter Form« fortzuführen; erst waren es 800, dann 600, und Ulrich Mahlau, als Leiter der Abteilung Forschung und Entwicklung, war noch dabei, mit einem Jahresgehalt, von dem er nie zu träumen gewagt hatte. Jetzt sind es nur noch 250 Leute, und dazwischen liegt die Auflösung seiner Abteilung.

Arbeit hatte immer geheißen, Probleme zu lösen: den Mangel zu überwinden, die Produktion zu sichern, den Zustrom an Fachkräften nicht abreißen zu lassen. Es wurde immer und überall »gekuddelt«, eine Sonderlösung gefunden, die Planwirtschaft mit einem kniffligen System von Tauschwirtschaft durchzogen. Kein Wunder, daß ein Akademiker zwischen Technik (es ging um Steuerung von Maschinen) und Betriebswirtschaft zu dem Schluß kommt, daß er aus wenig viel machen kann: folglich eine unverzichtbare Arbeitskraft sei. Das Problem Arbeit geht Ulrich Mahlau an wie zuvor Probleme der Entwicklung, Beschaffung und Produktion: Mit dem gleichen leicht gebrochenen Optimismus, der ihn jahrelang in die Lage versetzt hatte, zu handeln.

Daniel Mansfeld
Ikone seiner selbst

Ab und zu ist er mit seinem Bruder Oliver in München bei einem Freund des Vaters, und es trifft sich, daß dieser unweit der Münchner Freiheit wohnt, wo die Läden der neuen Jugendkultur zu finden sind. So »Good Stuff«, wo Daniel an einem Sonnabend im Mai 1994 gleich alles findet, was er braucht: feste, sackige Baumwollhosen, das Hemd von Stüssy und die Wollmütze. Die er vor dem Spiegel bis zur Nasenwurzel zieht, dann oben an der Naht anlupft, quer einschlägt, flachdrückt und wieder lockert; dann zieht er sich mit den Fingerkuppen die Augenbrauen nach, als wenn er sich schminken würde. Der Einkauf über 250 Mark wird glücklich gesplittet zwischen Richie, die Daniel und auch Oliver die Hosen spendiert, und der Kasse des Vaters, die wohlwollend über dem Kaufakt schwebt. Es muß auch noch Geld übrigbleiben für das Skateboard, nur das Brett, das kostet 140 Mark, die Achsen und Räder sind schon vorhanden, die wird Daniel selbst montieren, wenn er am Sonntagabend wieder zu Haus ist, nach einer Fahrt von einer Stunde im Intercity bis Memmingen und dann aufs Land nach Kronburg-Greuth.

Sein erstes Skateboard hat Daniel bekommen, als er sieben war, von seinem Onkel aus Kalifornien. Bald hat er gemerkt, daß die Räder zu langsam liefen, und sie ausgetauscht gegen schnellere, und jetzt kommt auf die schnellen Räder ein neues Board. Daniel mag die Geschwindigkeit – auf dem Skateboard mit und ohne Segel, auf dem Snowboard und beim Mofafahren – ein Fund

vom Schrott, den er fahrbereit gemacht hat und mit dem er auf dem Feld eines Bauern, der das erlaubt hat, motocrosst. Ob er die Gefahr möge, ob ihn das aufrege? »Deshalb mach ich's ja.«

Mit seinen halblangen Haaren, ebenen Zügen, Kleidung alles »oversized«, ist Daniel Mansfeld so etwas wie eine Ikone seiner selbst: Kind und Jugendlicher zugleich, behütet und streetsmart – absolut sicher im Klischee, das er so gut im Griff hat, daß es seins wird, form- und vorzeigbar. Seine Eltern sind aus München geflüchtet, als er drei Jahre alt war, zuletzt haben sie einen Bauernhof »total umgebaut, fast ein großes Glashaus«, aber die Vernetzung mit den großen Codes ist nicht unterbrochen worden. Alles ist da: die dramaturgisch grotesken Videospiele, das Mischpult im Computer, CD-ROM, CDs, das Fernsehen. Rap-Musik hat Daniel zum ersten Mal bei Verwandten in Amerika gehört, als er zehn war, und als er es mit elf wieder hörte, hat ihn der von schweren Beats unterlegte Fluchsprechgesang aus South Central erreicht.

Kopfzerbrechen machen ihm die Aggression, die aus den Boxen schallt, die knallharten obszönen Beschimpfungen, mit denen die Gangstermachos wie Ice-T an die Türen protestantischer Pietät klopfen. Irgendwie, glaubt Daniel, könne man mit der Aggression auch anders umgehen – so wie er glaubt, man könne sofort alle Tierversuche einstellen oder Autos mit Wasser betanken, wie ein Erfinder aus der Region behauptet. Wenn es drauf ankommt, neigt Daniel nicht zum Exzeß, sondern zum Bedenken: Sein Vater zum Beispiel erlaubt alles. Die Mutter dagegen findet, »wir werden zu sehr verwöhnt«. Daniel gibt ihr darin recht: »Ich find's richtig, daß wir uns nicht beklagen, wenn wir etwas nicht kriegen – und daß es dann auch besser so ist, weil dann die anderen nicht immer neidisch werden.« Womit er, auch hierin, im Trend liegt: Die neue Bescheidenheit, vorerst im Überbau.

Gesa Rudolph
Extreme berühren sich

Ende der siebziger Jahre hat man begonnen, die Innenstadt umzubauen in ein Museum ihrer selbst. Mehr oder weniger sanft hat man die Türken veranlaßt, dort fortzuziehen, die Senegalesen auch. Unlängst wurde der attraktivste Platz der Stadt, ein fast komplettes Ensemble frühneuzeitlicher Fassaden, für den privaten Autoverkehr gesperrt. Die Vernunft ist an der Regierung, und so sieht es dann auch aus. Mittendrin wohnt Gesa Rudolph, wenn auch erst seit kurzem. Nach dem Ende ihrer dritten Ehe, und als die beiden Kinder aus dem Haus waren, ist sie vom Stadtrand in die Fußgängerzone gezogen, in eine Maisonettewohnung unter dem Dach.

Was sie beschäftigt, hat nicht viel damit zu tun, was da draußen vorgeht. Ihr Thema sind nicht die neuen Boutiquen und die Geldautomaten, die nicht funktionieren. Sie gibt keine Meinung zum besten, was die Kapazität der Parkplätze betrifft. Was in der Kreiszeitung steht, interessiert sie nicht. Sie hat sie gar nicht abonniert.

Die sechziger Jahre waren die richtige Zeit, um Grenzen zu ziehen und Türme zu errichten, von denen aus der Horizont vermessen wurde. Auch Gesa Rudolph bricht – allerdings im Alleingang – das Reglement, das sie umgibt. Von ihren post-Examens-Ferien kommt sie schwanger nach Haus. Noch einmal geht sie, nach der Studienzeit, in die Nähe der Eltern zurück. Aber ihren ersten Ehemann sucht sie gegen deren heftigen Widerstand im örtlichen Zuchthaus und findet ihn: »Da gab es eine Menge Zoff«. 1967, während in den großen Städten westlich, östlich und südlich die Revolte ausgerufen wird, baut sie sich ihren ersten buddhistischen

Schrein. Sie bekommt ein zweites Kind, eine Tochter. Sie kauft sich die erste Schlange, eine Boa Constrictor.

Wer einen exzentrischen Lebensstil hat, kann gut zum »role model« für andere werden. Gesa Rudolph ist seit einem runden Vierteljahrhundert Lehrerin an der städtischen Musikschule. Nicht, daß alle kleinen Blockflötenschülerinnen sich nun zu Weihnachten Schlangen wünschten; aber wer zeigt, wie man sein kann, zeigt ja auch, wie man nicht sein kann. »Über mich wurde immer geredet«, sagt sie jetzt. »Aber ich war mir dessen nicht bewußt. Das war wohl mein Schutz. Es war skurril, vielleicht …«

Gesa Rudolph lebt im Privaten, aber sie macht ihr Privates öffentlich. Sie erzählt ihren Schülerinnen und Schülern von ihrem Leben, in dem sich die Extreme berühren: Dem Mann, der als Bankräuber in ihr Leben tritt, folgt ein anderer Mann, der heroinabhängig ist. Sie gibt ihrem Impuls »zu helfen« nach und kolportiert ihre Niederlagen ohne Gnade.

Die achtziger Jahre sind die Zeit der Revisionen. Der Mann, der ihr Therapeut wird, lebt in der Nachbarschaft. Gesa Rudolph wird wiedergeboren. Sie kehrt zurück in das erste ihrer sieben gelebten Leben und in die anderen. Sie sieht sich als ägyptische Seherin, die als Zwitter verhöhnt und getötet wird. Die böse Gestalt vor ihr, in ihr, neben ihr: »… wie der Kater Mika neben mich schaute und fauchte«. So wirft sie ab, was sie bedrängt, die Gestalt der Hexe. Schließlich baut sie den Schrein ab, bringt die Schlangen – zuletzt zwei Königspythons – auf die Schlangenfarm. Sie trennt sich von ihrem dritten Mann.

Beruflich hat sie unterdessen angebaut, auch den Unterricht an Orgel und Keyboard übernommen. Gesa Rudolph, Bewohnerin der Innenstadt, Lehrerin von siebzig Kindern und Jugendlichen in der Woche. Sie erinnert sich »an Dinge oft ganz anders, als sie gewesen sind«, sagt sie. Es gibt nicht viele Leute, die das eingestehen.

Oluf Nass
Ohne Entbehrung entbehrlich

Er fährt mit dem Fahrrad ins Büro, aber meistens fährt er gar nicht. Oluf Nass hat sich entschieden. Gründliches Frühstück ja, Frühstücksdirektor nein: »Lieber setze ich mich auf die Terrasse, lese ein gutes Buch und trinke einen Martini, und genau das tut er, mit 48 Jahren. Er haßt die Routine. Er steht auf Hochleistung. Und er hat angefangen, mit der Muße etwas anzubahnen, was nach dauerhafter Freundschaft aussieht: ein schlaksiger, gebräunter Erfolgsmann, dessen schwere holsteinische Diktion sich im badischen Ambiente ausnimmt, als trage er die Scholle noch unter den Füßen.

Tatsächlich hatte er sich vorgenommen, Sicherheiten zu gewinnen, unabhängig zu werden davon, »Einkommen erzeugen« zu müssen. Nur sah es lange nicht danach aus, als könne ihm das gelingen. Seine erste hochkarätige Anstellung bei einer amerikanischen Firma schmiß er nach einem Jahr hin. Seine zweite Anstellung – ein Versuch, bestimmte Bereiche der öffentlichen Verwaltung in einer Großstadt zu reformieren – beendete er ohne konkrete Aussichten auf etwas anderes nach fünf Jahren, mehr war nicht zu reformieren. Da war er um die dreißig. Seine dritte Stelle, in der Geschäftsführung eines gemeinnützigen Unternehmens mit 1200 Leuten, übergab er dem Nachfolger, den er selbst mit gesucht hatte; das Jahr Kündigungsfrist als intensivste Arbeitsphase. Bis dahin war ihm klar, daß es auf Dauer ein Problem geben würde: das Curriculum vitae. Dieser Betrieb, der man selbst ist, will auch

gepflegt sein. Daß er sich an nichts maß als am Ergebnis seiner Arbeit, drohte zum Prinzip seines Scheiterns zu werden.

Damals, Mitte dreißig, traf er ein Abkommen mit seiner Ehefrau. Diese Kündigung ins Blaue hinein sollte die letzte sein. Wieder nahm er eine verantwortungsvolle Arbeit an, weit weg von zu Haus. Als Wochenendpendler wurde ihm klar, daß seine eigentliche Probezeit abzulaufen drohte: Die des bürgerlichen Lebens, als Ehemann und miterziehender Vater. Um das zu retten, griff er intuitiv zur paradoxen Handlung: Er kündigte ein viertes Mal, noch in der Probezeit. Seine Angestelltenkarriere war damit abgehakt, mitten in der Krise, Anfang der achtziger Jahre. Aber die Rückkehr zur Familie zeigte sich als nicht mehr möglich; die Unmöglichkeit, seine Entschlüsse zu vermitteln, wurde im privaten Leben manifest.

Oluf Nass begann vorsichtig, sich nach freiberuflicher Arbeit umzusehen. Langsam ließ er sich verstricken in das winzige Projekt eines Freundes, das nach kurzer Zeit wie eine Firma aussah und nach fünf Jahren wie ein Unternehmen. Plötzlich kamen die Faktoren zusammen, die man zum Erfolg braucht: eine Zuwachsbranche, Kenntnis des Marktes, günstige Kredite. Oluf Nass war frei zu arbeiten, so viel er wollte, und genau das tat er. Das Unternehmen wurde bis zum äußersten Punkt seiner möglichen Expansion ausgebaut, dann personell abgespeckt – und dann verkauft. Ende der achtziger Jahre wurde er vom Unternehmer zum Unternehmensberater, bis er gewiß sein konnte, nicht mehr gebraucht zu werden. Oluf Nass hat gelernt, entbehrlich zu sein. Was auch immer seine Kollegen ihm vorschlagen, er will sich »nicht mehr anstecken lassen«. Leistung um der Leistung willen, darauf springt er nicht an. Denn, so eigenartig es klingt, er hat ja jetzt seine Sicherheit. Auch wenn das, was er ausstrahlt, sich eher anfühlt wie Lust auf Abenteuer. Ein Prahler ist er nicht, ein Spieler schon.

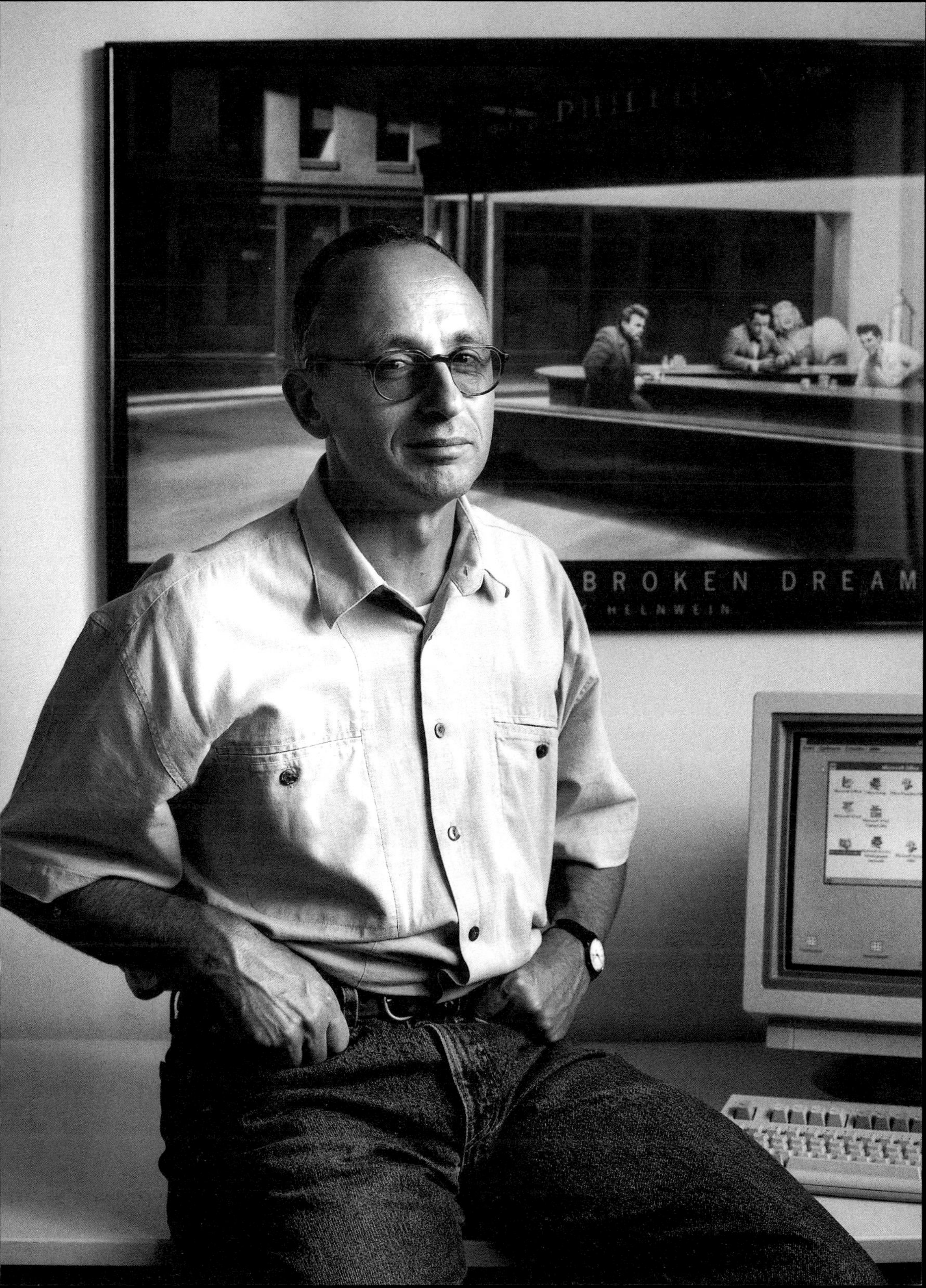
BROKEN DREAM

Beate Siegel, Nicolai und Jannika
Andere Erfahrungen

Während Beate Siegel in den siebziger Jahren Studentin war, wurden die Ostverträge geschlossen, die Universitäten geöffnet, der zweite Bildungsweg eingerichtet, das Abtreibungsrecht gelockert und die Schuldzuweisung aus dem Scheidungsrecht gestrichen.

In diesem Jahrzehnt hat Beate Siegel Pläne gemacht. Sie wollte Frauenärztin werden und die Schulmedizin in Frage stellen; sie plante, in einer Poliklinik zu arbeiten, die vielleicht erst noch zu gründen wäre. Ende der siebziger Jahre, als ihr Sohn Nicolai geboren wurde, erkannte sie, daß sie weiter vom Ziel entfernt war, als sie geahnt hatte. Ärztin zu sein brachte ihr Prestige, große Augen bei der Landbevölkerung (sie wohnte damals auf dem Dorf) und Hörigkeit bei Patientinnen, was sie befremdete. Aus der Sicht ihrer Mutter war sie die Tochter, die ihrer Familie den Haushalt nicht gut genug führe. Eine Perspektive, die den egalitären Entwurf der Ehepartner offensichtlich nicht erfaßte. Die Ehe war gedacht als gesellschaftliche Formation, in der sich Lasten und Projektionen kreuzten: die Heiratsanzeige, Anfang der siebziger an Freunde geschickt, definierte die Funktion der Ehe auf »soziologesisch«. Nach dem Tod ihrer Eltern folgte der Umzug nach Münster, in deren ehemaliges Haus, gelegen in einer Mustersiedlung aus den zwanziger Jahren mit großem Garten. Würde man die Bevölkerung fragen, wer dort jetzt wohne, wäre die Antwort: eine vierköpfige Familie mit Auto und Hund, er Angestellter, sie selbständig; die Kinder gehen nicht auf öffentliche Schulen.

»Ich fühle mich nicht mehr verheiratet«, sagt Beate Siege sechs Jahre nach dem Auszug des Vaters der Kinder, auf dem Papier ist sie es. Sie hat jetzt eine eigene Praxis, die sie nie gewollt hat. Sie ist »Haushaltsvorstand« und Mutter, Eigentümerin eines noch immer hoch belasteten Hauses. Der Lebensplan, abgestellt auf den gleichberechtigten Zugriff auf gesellschaftliche Erfahrungen, ist – so sieht sie es selbst – an seinem konventionellsten Punkt gescheitert, an der Ehe. Anstelle der kollektiven Erweiterung der Familie kam die Kleinstfamilie: ein status quo, den Beate Siegel um eines Partners willen verändern würde, an dem sie aber tatsächlich nicht zu rühren wagt.

Nicolai und Jannika sind die typischen Akademikerkinder, hellwach, empfindlich; sozialisiert nicht vor dem Fernseher, sondern von Eltern und deren Freunden, durch die Waldorfschule und auf dem Leichtathletikpfad. Sie lesen die Schriften von Greenpeace und freuen sich dennoch am meisten auf den nächsten Flug. Zur Olympiade nach Barcelona, nach Israel, nach New York und Nicaragua.

Nach Nicaragua? Ja, dort wird die neue Kollegin abgeholt, mit der Beate Siegel ihre Praxis teilen wird, in der das Wartezimmer nicht blümchentapeziert ist und die Wände der Behandlungszimmer nicht weiß, sondern in sanften Farben pigmentiert sind. Hinter den Etiketten einer Kassenpraxis stehen ganz andere Erfahrungen als die der prestigebewußten »Ärzteschaft«, und in der Mustersiedlung wohnt ein neues Familienmodell dessen, was man vielleicht bürgerlichen Erfolg nennen darf.

Rolf Prosch
In den Tag hinein

Mit viereinhalb Tagen Arbeit in der Woche findet Rolf Prosch sich selbst »relativ faul«. Die ersten drei Tage der Woche fährt er sein Taxi vom Abend bis in den frühen Morgen, er fährt sonntags und manchmal auch samstags. Ansonsten läßt er fahren: Prosch, siebenunddreißig Jahre alt, ist Taxiunternehmer mit einer Taxe. Er flucht, wenn er den Bürokram für das Finanzamt erledigen muß, was einen Tag im Vierteljahr beansprucht. Seit neun Jahren ist er selbständig.

Mitte der siebziger Jahre hat er sein Fachabitur bekommen, wozu ein Jahrespraktikum in einem alternativen Kindergarten gehörte. Nach einem Versuch als »alternativer Landwirt im kleinen« ging Prosch mit seiner damaligen Freundin 1982 auf eine Annonce hin nach Marburg, wo das Paar aus dem Ruhrgebiet sich mit einer Land-WG konfrontiert sah, die von Sozial- und Arbeitslosenhilfe lebte: »Heute«, sagt Rolf Prosch, »sind das alles Lehrer«. Bei einem anderen, professionell geführten alternativen Hof in der gleichen Gegend wurde ihm vor Augen geführt, was ein Biohof bedeutet: Sechzehn Stunden Arbeit am Tag, ganzjährig.

Im Jahr darauf hat Rolf Prosch versucht, im Ruhrgebiet wieder Fuß zu fassen: Er war als »Klüngelskerl« – als Schrotthändler – unterwegs, während die Preise für Altmetall in den Keller sanken. Schließlich ging auch noch der LKW kaputt, und so gab er die extreme Seite der Selbständigkeit auf.

Die Zeit auf dem Hof bei Marburg und der Versuch als Klüngelskerl fällt auch zusammen mit seinem Ausstieg aus der DKP, für die er –

bei geheimen Reisen in den Iran des Schah – in den siebziger Jahren noch den Kopf riskiert hatte. Prosch orientiert sich seit 1983 an den Grünen und war ein paar Jahre aktiv im »Offenen Grünen Arbeitskreis«, für den er sich auch als Bezirksvertreter in sein Stadtteilparlament wählen ließ. Mit Beginn der neunziger Jahre löst er sich von der Politik. Man kann, selbst auf Ortsebene, weniger bewirken, als er und seine Bezugsgruppe gedacht hatten – so sein Resümee.

Rolf Prosch ist sich bewußt, daß er nicht das geworden ist, was seine Mutter von ihm erwartet hatte (der Vater ist früh gestorben). Prosch hat nach eigener Einschätzung »immer in den Tag hineingelebt und das geliebt«. Er hat eine Weile extravagante Autos gehabt, einen Alfa GT Junior und dann die legendäre »DS« von Citroën. Seit er als Kind mitgenommen wurde zum Segeln, ist er immer wieder zu diesem Sport zurückgekehrt; vor einigen Jahren hatte er zusammen mit einem Freund ein Kajütschiff in Holland liegen, und nach einer Phase ohne eigenes Boot hat er jetzt eine Jolle am Baldeneysee. Zusätzlich werden für mehrtägige Unternehmungen kleine Schiffe zusammen mit Freunden gechartert. Das Segeln wäre dann auch die Option, um der »Maloche« zu entkommen: ein Charterschiff zu haben, dessen eigener Kapitän er wäre. Dafür bräuchte es allerdings eine beträchtliche Investition – die nötige Neigung zu Überstunden hat Rolf Prosch jedoch nicht.

Umgeben von Freunden, die fast ausnahmslos Akademiker sind, wirken Rolf Prosch und seine Freundin Monika Sakoschek wie eine Zelle proletarischer Rhetorik: immer auf den Punkt, ohne narzistische Anleihen beim »elaborierten Code«. Sie sind zweifellos Leute aus dem Revier, nur daß ihr Vorstellungshorizont nicht vollgestellt ist mit rauchenden Schloten. Arbeit und Familie sind nicht mehr die Traumschlösser, um die sich die Phantasien ranken. Der Himmel ist blau über der Ruhr; warum soll man ihn nicht betrachten.

Biographische Portraits
Ulf Erdmann Ziegler

Gabriele Thaler –
Ein Wagnis im Namen
des Vaters

Dirk Kaldewey –
Mond über Malawi

Sebastian Wong und
Michael Walker –
Symbol gegen außen

Wolfgang Kreutzberger –
Glück und Recht

Anja Seeliger –
Die Orchideen nicht
erwürgen

Simone Lengler –
Soziales Muß

Monika Kluge, Sebastian
und Andreas-Manuel –
Oberbayern – Niederbayern
(Eine Emanzipation)

Rolf Denninghaus und
Maximilian Oesterling –
Was richtig wäre

Von der gottgefälligen Ehe zum Liebesbündnis auf Zeit: das Beispiel Ehe

Ulrich Beck

Familienstammbücher sind eine ungeöffnete Fundgrube für gleichsam amtlich verkündete Wunschfamilienbilder. An einer Person, nämlich mir selbst, soll im Vergleich der Geburtsurkunde mit der Heiratsurkunde die »individualistische Konversion« aufgezeigt werden, die sich in Deutschland innerhalb von nur drei Jahrzehnten – auch amtlich! – vollzogen hat.[11]

In dem Familienstammbuch meiner Eltern, in dem auch meine Geburt dokumentiert ist, heißt es 1940: »Zum Geleit! Die Ehe kann nicht Selbstzweck sein, sondern muß dem einen größeren Ziele, der Vermehrung und Erhaltung der Art und Rasse dienen. Adolf Hitler.« Das klingt wie ein Befehl und ist wohl auch so gemeint. Die Rassenlehre der Nationalsozialisten ist ein extremes Beispiel der »Gegenmodernisierung«. Sie inszeniert die Maskerade der Vergangenheit, um die »Auflösungstendenzen« der Moderne einzudämmen. Die hergestellte Fraglosigkeit blutsgemeinschaftlicher Reintegration wird mit allen Mitteln durchgesetzt. Die Ehe wird so zur staatlichen Zweigniederlassung, zum Kleinststaatsgebilde, zur »Keimzelle des Staates«. Sie gilt und dient als Ort der Reproduktion der »deutschen Rasse«.

Die Sätze in meinem eigenen »Ehebuch« Mitte der siebziger Jahre lesen sich wie der Gegenschwur. Hier heißt es: »Aufgabe einer privatrechtlichen Ordnung der Ehe ist, sie nicht primär im Dienste weiterer, außerhalb ihrer liegender Zwecke zu sehen, sondern in der Ehe selbst den Hauptzweck zu finden« (1970). Es ist nicht mehr von der »christlichen Welt- und Werteordnung« die Rede, auch nicht von »Staatszielen«, schon gar nicht von der »Erhaltung der Rasse«. Statt dessen wird umgekehrt gewarnt: »Vorsicht ist insbesondere gegenüber der gefährlichen Versuchung geboten, die überkommenen Leitbilder von

[11] Vgl. zum Folgenden, Beck / Beck-Gernsheim, Einleitung, in: dies. (Hg.), Riskante Freiheiten, Frankfurt/M. 1994.

Ehe und Familie einfach ungeprüft als ›natürlich‹ hinzunehmen und auf diese Weise rechtlich zu versteinern. Die rasche Entwicklung unserer modernen Industriegesellschaft, die zunehmende Berufstätigkeit der Frau, die zu erwartenden weiteren Arbeitszeitverkürzungen, der Umbau der Berufsbilder usw. zwingen die Rechtsordnung zu unvoreingenommener Aufgeschlossenheit gegenüber neuen Lebensformen in Ehe und Familie.« Da klingt fast schon Soziologie durch.

Doch das ist bei weitem nicht alles. In einem eigenen Kapitel »Die Eheauflösung« wird den frisch Getrauten auch noch dieser »Segensspruch« *Martin Walsers* mit amtlicher Autorität wortwörtlich ins Stammbuch geschrieben: »Von einem gewissen Grad der Auseinandersetzung an erscheinen sie (die Eheleute) wie zwei Chirurgen, die einander andauernd ohne Narkose operieren, ›und lernen immer besser, was weh tut‹.«

Der Gott der Privatheit ist die Liebe. Wir leben im Zeitalter des real existierenden Schlagertextes. Die Romantik hat gesiegt, die Therapeuten kassieren.

Dies zeigt in kaum überbietbarer Dramatik zum Kontrapunkt der »Rassenehe« oder der noch in den fünfziger Jahren rechtlich verbindlichen »christlichen Ehe« den radikalen Wechsel von der individuumenthobenen zur individuellen Interpretation des Dreibuchstablers »Ehe« an. Hier wird nicht nur während der Eheschließung die Eheauflösung angesprochen. Ehe wird auch als individualisiertes Programm institutionalisiert. Ihr Was, Wie, Wielange wird nun ganz in die Hände und Herzen der in ihr Verbundenen gelegt. Für das, was Ehe ist, meint, gibt es jetzt nur noch die eine Maxime: Die Individualisierung der Ehe. Amtlich wird hier sozusagen der Individualcode der Ehe verordnet. Auch alte Eheformen müssen nach ihrer bürokratischen Abdankung nun auf persönliches Risiko gewählt und gelebt werden. Schon das Stammbuch enthält die Warnung: Die Ehe ist – vergleichbar der überhöhten Geschwindigkeit

auf kurvenreicher Strecke – ein persönlich riskantes Unternehmen, für das Versicherungen nicht haften.

Die Ehe ist sich äußerlich gleichgeblieben – zwei Personen schließen den »Bund fürs Leben« –, verändert ihre Bedeutung jedoch radikal: War die Ehe im Mittelalter zuallererst eine individuumüberhobene Institution sui generis, die von Gott gewährleistet wurde, wird sie heute mehr und mehr zum Liebesbündnis (auf Zeit) zweier eigener Leben. Der Rechtfertigungsmodus der Ehe ist nicht mehr traditional und materiell (Erbregelungen von Hof und Macht), sondern emotional und individuell. Die Liebesehe, die mit der Vergänglichkeit der Liebe ihren Sinn und Zusammenhalt gewinnt und gefährdet, verdrängt die auf unterschiedlichen Aufgaben und materiellen Interessen gegründete Pflichtehe.

Ehe wird zur Leerformel, die die Partner, die sich in ihr zusammenschließen, selbsttätig füllen müssen. Was Ehe, Liebe, Partnerschaft heißt, wird zur Entscheidungssache, muß angesichts der Belagerung durch Alternativen immer wieder bekräftigt und erneuert werden. Die Liebesehe ist die *riskante* Ehe. Sinn und Gemeinsamkeit in ihr sind immer gefährdet. Betrachten wir diesen historischen Bogen genauer.

Noch im 17. und 18. Jahrhundert ist die Ehe nicht von unten nach oben, sondern von oben nach unten zu begreifen, als direkter Bestandteil der Gesellschaftsordnung. Sie ist eine dem individuellen Zugriff weitgehend verschlossene, sozial verbindliche Lebens- und Arbeitsform, in der Männern und Frauen bis in die Einzelheiten des Alltags, der Arbeit, der Wirtschaft, der Sexualität vorgegeben ist, was sie zu tun und zu lassen haben. (Natürlich halten sich keineswegs alle daran. Aber das soziale Netz von Familien- und Dorfverband ist eng, die Kontrollmöglichkeiten sind allgegenwärtig. So hat, wer gegen die herrschenden Normen verstößt, oft mit empfindlichen Sanktionen zu rechnen.) Zugespitzt formuliert: Die Ehe ist eine Art verinnerlichtes »Naturgesetz«, das – abgesegnet durch Gott und die Autorität der Kirche, gesichert durch die materiellen Interessen der darin Zusammengebundenen – von den Beteiligten sozusagen »exekutiert« wird. Deutlich tritt dies an einem scheinbaren Gegenbeispiel, nämlich einer erkämpften Scheidung hervor, von der *Gisela Bock* und *Barbara Duden* berichten:

»Anfang des 18. Jahrhunderts erschienen im Gebiet Seine/Marne in Frankreich vor dem zuständigen Kirchengericht zwei Leute: Jean Plicque, Weinbauer in Villenoy, und Catherine Giradin, seine Frau. Sieben Monate vorher hatten sie wegen absoluter Unverträglichkeit mühsam eine Trennung von Tisch und Bett durchgesetzt. Jetzt kommen sie wieder und erklären, daß es für sie nicht nur besser, sondern vor allem ›viel vorteilhafter und nützlicher sei, sich zusammen zu tun, als getrennt zu bleiben‹. Die Einsicht dieses Paares ist typisch für sämtliche ländlichen und städtischen Wirtschaften: Mann und Frau waren aufeinander angewiesen, weil und solange es jenseits der familialen Gesamtarbeit keine Nahrungs- und Erwerbsmöglichkeit gab.«[12]

Die Einsicht dieses Paares bringt auf den Punkt, was für die vorindustrielle Welt (bei aller Vielfalt) typisch zu sein scheint. Es gibt (abgesehen von Kirche und Kloster) keine gesicherte materielle Existenzbasis jenseits der Ehe. Diese hat ihren Grund und Kitt nicht in der Liebe, der Selbstfindung oder Selbsttherapie zweier einander und sich suchender Erwerbstätiger, sondern in der religiösen Verbindlichkeit und materiellen Verankerung ehelicher Arbeits- und Lebensformen. Wer den Sinn dieser Institution Ehe begreifen will, muß geradezu von den Individuen abstrahieren und das übergreifende Ganze einer letztlich in Gott, im Jenseits begründeten Ord-

nung ins Zentrum stellen. Die Ehe dient hier nicht dem individuellen Glück, sondern der Sicherung der Nahrung, der Erbfolge, der familial begründeten Herrschaft im Adel usw. An ihr hängt die Stabilität der gesellschaftlichen Ordnung und Hierarchie in einem sehr greifbaren Sinne.

Mit der beginnenden Moderne lockert sich der übergeordnete Sinnzusammenhang sozialer Existenzformen. Der Zug zur Individualität – zunächst des bürgerlichen, auf privaten Kapitalbesitz gegründeten »Markt-Individuums« – stellt die Schwerkraft der kollektiven Identitäten und Handlungseinheiten in Frage, zumindest latent. In der Trennung von Familien- und Wirtschaftssphäre zerbricht die Arbeits- und Wirtschaftseinheit von Mann und Frau. Bezeichnenderweise wird diese Auflösung der materiellen Basis ehelicher Gemeinschaft mit einer Überhöhung der moralischen und rechtlichen Grundordnung der Ehe beantwortet. Auch hier wird die Ehe »deduktiv«, also von oben nach unten gerechtfertigt, nun aber mit moralischen Ausrufungszeichen als Eckpfeiler der bürgerlich-christlichen Weltordnung. Im Entwurf für das Bürgerliche Gesetzbuch, 1888 erschienen, heißt es: »Ein deutsches bürgerliches Ges.B. wird der christlichen Gesamtanschauung im Volke gemäß […] davon auszugehen haben, daß im Eherecht nicht das Prinzip der individuellen Freiheit der Ehegatten herrscht, sondern die Ehe als eine von dem Willen der Ehegatten unabhängige sittliche und rechtliche Ordnung anzusehen ist.«

»Nicht das Prinzip der individuellen Freiheit«, statt dessen eine »vom Willen der Ehegatten unabhängige Ordnung«: In der Negation schwingt die drohende Möglichkeit mit. Die Gemeinsamkeit ist allerdings eine einsei-

[12] G. Bock / B. Duden, Arbeit aus Liebe – Liebe als Arbeit, in: Frauen und Wissenschaft, Beiträge zur Berliner Sommeruniversität für Frauen, Berlin 1977, S. 126.

tige. Der Ehefrau wird der eigene Name ausdrücklich verwehrt. Der Familienname wird der des Mannes. Exemplarisch wird das Allgemeine mit der Macht – hier: des Mannes – gleichgesetzt. So heißt es noch 1956 in einem Urteil: »Vielmehr läßt Art. 6 GG die Gleichberechtigung im Familienrecht nur so zum Zuge kommen, daß unser herkömmlicher, christlich bestimmter Familienbegriff dabei erhalten bleibt. Allen übersteigerten individualistischen Bestrebungen ist damit die Auswirkung im Eherecht versagt [...] Das muß auch für das eheliche Namensrecht gelten.« Hier findet sich schon die Bannformel von den »übersteigerten individualistischen Bestrebungen«, die nichts von ihrer Aktualität verloren hat. Der Belzebub des Individualismus soll mit dem Weihwasser des Althergebrachten besprenkelt und ausgetrieben werden. Der entscheidende Schritt hin zur Individualisierung der Ehe wird, wie gezeigt, auch amtlich in den sechziger Jahren vollzogen.

Mit der Freisetzung von Recht und Moral scheint die Ehe zu einer reinen Angelegenheit der Individuen zu werden, wenn schon nicht der Realität nach, so doch dem Idealtypus. Das Irritierende allerdings ist, daß genau diese Form der Delegation an die Subjekte und ihr Belieben eine eigene Schematik enthält, eine Gesetzmäßigkeit, Konfliktlogik, die sich im Individuellen austoben.

Die Liebesehe wird zum Inbegriff der gesellschaftlichen Individualisierung und zugleich zum Versprechen, die vereinzelten Individuen vor deren anomischen Kehrseiten zu retten. Liebe meint damit *Gegeneinsamkeit*. Sie ist die Antwort, die Wunschantwort auf das historische Zerbrechen der Gemeinsamkeiten und Verbindlichkeiten. Sie ist die Ge-

Anja Seeliger

Anja Seeliger

Denn was war das schon vordem? Man wurde verheiratet, machte gute und schlechte Partien, suchte Arbeitskraft, zeugte Kinder und zog sie auf, nahm sein Unglück oder sein Glück, wie es kam, lebenslänglich hin. Dann erst, ziemlich spät, seid Ihr auf die Idee gekommen, etwas mehr möchte doch zu erlangen sein, über das Kindbett, die Arbeit, das Vermögen hinaus: so als könnte man sein Leben, auch in dieser Hinsicht, selber in die Hand nehmen. Eine höchst riskante und folgenreiche Idee! Das Ich in seiner vollen Größe, und das Du. Die Seele und der Leib, daraus sollte eine kleine Unendlichkeit werden. Eine Emphase war das, eine Erwartung, ein Glücksverlangen, von dem sich frühere Generationen nichts hatten träumen lassen – und zugleich eine gegenseitige Überforderung, die ganz neue Möglichkeiten des Unglücks heraufbeschwor. Die Enttäuschung war die Kehrseite Eurer Utopie, und Eure neuen Einverständnisse gaben auch dem alten Kampf zwischen den Geschlechtern eine neue, radikale Wendung.

Ich könnte viele Seiten an die Schilderung der Folgen wenden, doch fürchte ich, Sie würden mir keinen Glauben schenken. Daß Ihr Roman zum Vorbild und daß Ihr Liebeskampf in tausend Varianten bis heute unsere Theater füllt, ist die geringste dieser Konsequenzen. Was Sie noch viel weniger für möglich halten werden, Auguste: Ihre Geschichte ist alltäglich geworden, platt, trivial, auf den Hund gekommen in millionenfacher Wiederholung, aber auch zur Quelle millionenfachen Leidens. Ganze Wissenschaften haben sich über sie hergemacht; ein Heer von Experten, Beratern und Scharlatanen beschäftigt sich mit der endlosen Geschichte und mit ihrer bürokratischen Verwaltung, und jeden Tag von neuem wird sie vor den Schranken unserer Gerichte verhandelt. Denn es kann doch kein Zufall sein, daß es Ihre Zeit war, die,

genindividualisierung, die *mit* der Individualisierung *für* diese ihr Versprechen auf eine sinnliche, sinnvolle Zweisamkeit entfaltet.

Umgekehrt enthält der Zwang zum eigenen Leben eine Art Nachhilfestunde in Partnerschaftsidealisierung. Selbst Realisten werden unter dem Druck der Verhältnisse zu Idealisten wider Willen, weil der Zerfall der lebensweltlichen Sozialformen und Sicherheiten nun von der Liebespartnerschaft zurückerhoffen läßt, was ansonsten ausdünnt und unwahrscheinlich wird: Das eigene Leben *erzeugt* das Ideal der Liebesehe.

»Liebe unglückliche Auguste«, schreibt Hans Magnus Enzensberger einen fiktiven Brief an Auguste Bußmann, deren Liebesabenteuer mit Clemens von Brentano in Briefen dokumentiert ist. »Sie können nicht ahnen, was Sie angerichtet haben, Sie und eine Handvoll Ihrer Zeitgenossinnen und Zeitgenossen. Ich übertreibe kaum, wenn ich behaupte, Sie (eine Handvoll Menschen zwischen dem achtzehnten und dem neunzehnten Jahrhundert) hätten ›die Liebe‹ erfunden – oder sagen wir lieber das, was man in Europa bis auf den heutigen Tag darunter versteht.

gleichsam in einem Atemzug mit der Entdeckung des unbedingten Gefühls, auch die Scheidung erfunden hat.«[13]

Auguste Bußmann und Clemens von Brentano haben diese Selbst- und Liebessucht rücksichtslos gegen sich und gegeneinander durchexperimentiert und durchlitten. Sie sind Pioniere dieser dornenreichen Liebesirrfahrt, nicht aber – wie Enzensberger meint – ihre Erfinder. In den Überhöhungen und deren Scherbenhaufen steckt viel später, zerschellter Plato (auch die gängige Trivialliteratur der Frauen- und Männerchaotik heute jammert platonisch), schwingt einiges Angelesene oder kollektiv Erinnerte über Minnesänger und Mätressen mit; altindische Weisheiten (die ja nicht zufällig heute auf den Ladentischen locken) leben auf; das Treiben bei Hofe wird in die Appartements verlegt; kurz: verstohlene Lektüre und alte, herüberwirkende Innennormierungen bestimmen, was sich individuell gibt.

In der Vergangenheit sprengte die Liebe Gemeinschaftsbindungen und Normen. Mit der Auflösung von ständischen und familiaren Normen und Barrieren läuft sie dagegen mehr und mehr ins Leere. Sie ist nicht mehr das freiheits- und individualitätsverbürgende Gegenprinzip zu gesellschaftlichen Zwängen. Sie trifft auf keinen Widerstand mehr. Sie ist nicht mehr im Kern amoralisch. Dies führt dazu, daß sie sich auf sich selbst zurückwendet, sich selbst aufzehrt, »selbstreflektiv« wird.

Dies zeigt sich in den Gebetsmühlen der Beziehungskisten (die jeweils ganz individuell und ebenso standardisiert ablaufen), in der Pädagogisierung der Liebe, in pornographischen Selbststimulierungstechniken oder

ganz allgemein in der emotionalen Besetzung des Zustandes der Verliebtheit – und nicht in der emotionalen Besetzung des Partners. Ähnlich wie Wissenschaft nicht mehr Unwahrheit mit Wahrheit bekämpft, sondern eine Wahrheit sich an der anderen reibt, so kann sich die Liebesehe als die individuelle Glücksutopie (bzw. die Utopie des Glücks der Individualität) nicht mehr am Widerstand gegen gesellschaftliche Zwänge und Verbote entzünden, sondern nur noch in Konkurrenz und Auseinandersetzung mit anderen Liebesidealen. Das Resultat ist Verwirrung, Mißverständnisse und gelegentliche Übereinstimmung. Auf jeden Fall verliert Liebe mit ihrem Selbstbezug ihren Status als Garant individueller (nicht-gesellschaftlicher) Sicherheit. *Die* Liebe gibt es nicht mehr. Es gibt nur ihren *Plural*: Lieben – stark vermittelte, schwer zusammenfügbare, variable Utopien persönlicher Liebesvorstellungen (in bezug auf Sexualität, Zusammenleben usw.).

Gerade weil Liebe zum knappen und begehrten Gut wird, hat sie mit der Verallgemeinerung des eigenen Lebens Hochkonjunktur. Liebesfragen werden für alle zu existentiell brennenden Fragen – und nicht nur, wie noch im 19. Jahrhundert, für Außenseiter und Liebesheroen. Mit dem Tod der Liebe, mit ihrer Auflösung in Elternliebe, Leidenschaft, Flirt, Erotik, Partnerschaft, Familienbindung setzt die massenhafte Suche nach der ganzheitlichen »großen Liebe« ein: Dem zersplitterten Ich das ganze Du!

Frühere Generationen dachten und hofften, sie müßten erst Freiheit und Gleichheit zwischen Mann und Frau erringen, dann werde die Liebe ihren Glanz, ihre Wehmut, ihre Lust entfalten. Wir, die wir zum ersten Mal Zipfel von Gleichheit und Freiheit in den Händen haben, stehen vor der Gegenfrage: Wie können zwei Menschen, die gleich und frei sein oder werden wollen, ihre Gemeinsamkeit in der Liebe finden und bewahren? In den Ruinen veralteter Lebensformen bedeutet

[13] Requiem für eine romantische Frau – Die Geschichte von Auguste Bußmann und Clemens von Brentano, Berlin 1988, S. 228 f.

Freiheit: Aufbruch, Neu-Entwerfen, der eigenen Melodie folgen, die aus dem Gleichschritt führt.

Um keine Mißverständnisse aufkommen zu lassen: Diese neue »Individualordnung« der Liebesehe ist nicht bloßes Produkt der Individuen und ihrer Wünsche. Sie ist vielmehr an institutionelle Vorgaben gebunden – zentral zum Beispiel ans Rechtssystem. Sie verweist auf die Anforderungen von Bildungssystem, Arbeitsmarkt, Altersversorgung, denen heute beide Partner (nicht mehr wie früher nur der Mann allein) mit eigenständiger (Erwerbs-)Biographie und Existenzsicherung unterworfen sind. Auch in bezug auf die Zweierbeziehung – diesen scheinbar ganz privaten, ja intimen Bereich – meint »eigenes Leben« also *kein* Absehen davon, daß »hinter der Oberfläche der Lebenswelten eine hocheffiziente, engmaschige Institutionengesellschaft ist« (K. U. Mayer 1991, 88). Im Gegenteil: das Individuum der Moderne ist auf vielen Ebenen mit der Aufforderung konfrontiert: Du darfst und du kannst, ja du sollst und du mußt ein eigenes Leben führen, jenseits der alten Bindungen von Familie und Sippe, Religion, Herkunft und Stand; und du sollst dies gleichzeitig tun diesseits der neuen Vorgaben und Regeln, die Staat, Arbeitsmarkt, Bürokratie usw. entwerfen. In diesem Sinne ist auch die Liebesehe nicht bloß ein Bündnis der eigenen Leben, sondern ein Bündnis von zwei *institutionenabhängigen* eigenen Leben.

Doch niemand kann jetzt mehr von oben herab sagen, was hinter dem ach so gleichgebliebenen Standardetikett »Ehe« geschieht, möglich, erlaubt, gefordert, tabu oder unverzichtbar ist. Diese Weltordnung der Ehe ist von nun an eine Ordnung der eigenen Leben, die durch den Blick der Individuen erfragt, rekonstruiert werden muß.

Angesichts dieser schleichenden Revolution des *Sozialen* muß auch die Soziologie ihre Begriffe und Methoden überdenken, muß dem »Licht der leitenden Wertideen« (Max Weber) nachziehen, ihr Instrumentarium in seinen *Grundlagen* neu überdenken. Das ist leichter gesagt als getan. Die alternde Industriegesellschaft ist zur Struktur soziologischer Arbeitsteilung geronnen. Und die wenigstens *statistische* Restabilisierung der Familie ist ein begehrtes Gut. Mit der Entstandardisierung des sozialen Lebens werden restandardisierende Untersuchungen ebenso ideologieverdächtig, wie sie für politische und soziale Akteure wichtig werden. Untersuchungen beispielsweise, die »beweisen«, daß die plötzlich sich ausbreitenden nichtehelichen tatsächlich *vor*eheliche und die nachehelichen wiederum *vor*eheliche Lebensformen darstellen, so daß durch alle Turbulenzen hindurch die Ehe als transzendentaler Sieger ausgerufen werden kann. Derartige »Entwarnungen« haben ihren Markt: Der Aufruhr des eigenen Lebens, heißt die Botschaft, ist ein Sturm im Wasserglas der fortbestehenden Ehe.

Hier bestätigt sich die alte Weisheit, daß es aus dem Wald herausschallt, wie man in ihn hineinruft. Wer auch noch die alternativen Lebensformen »verehelicht«, darf sich nicht wundern, wenn er überall Ehen sieht, wohin er auch blickt. Doch dabei handelt es sich um ein Paradebeispiel blinder Empirie: Methodische Brillanz, die ihren kategorialen Rahmen nicht in Frage zu stellen weiß, wird zirkulär, wird zum Antiquariat einer Standardfamiliengesellschaft, die nur noch als Wunschbild existiert, als solches allerdings sehr lebendig ist.

Der Kampf der Frauen um ein eigenes Leben

Ulrich Beck

Für diesen Bedeutungswandel (von Liebe, Ehe, Familie, Privatheit) sind viele Veränderungen mitverantwortlich; nicht zuletzt die Wohlstandssteigerung – jener Fahrstuhleffekt, der für alle Gruppen erhebliche Verbesserungen des Lebensstandards gebracht hat, für die unteren aber, die am Minimum herumkrebsen, eine mehrfache Steigerung ihres Realeinkommens (bei gleichen Abständen zwischen den Etagen). Hinzu kommt die Bildungsexpansion. Sie erlaubte zunächst nicht nur individuelle Aufstiege in die Dienstleistungsbereiche des expandierenden Wohlfahrtsstaates hinein; mit ihr wurden auch Aspirationen erzeugt, Horizonte geöffnet, individualisierende Bildungswege vorgezeichnet. Vor allem hat die Bildungsexpansion auch die Frauen aus ihren Rollenzuweisungen herausgelöst oder diese wenigstens im Selbstbewußtsein der Frauen gelockert und im öffentlichen Raum ihrer Rechtfertigung beraubt. Früher hieß es: keine Ausbildung, kein Beruf, also Hausarbeit. Diese Verkettung ist nun nicht länger möglich. Die fortbestehenden Benachteiligungen der Frauen im Beruf wurden sozial legitimationslos, d. h. öffentlich und privat zu einem mehr oder weniger verdeckten Skandal.

In ihrem Aufsatz »Vom ›Dasein für andere‹ zum Anspruch auf ein Stück ›eigenes Leben‹« schreibt Elisabeth Beck-Gernsheim: »Der Versuch, die soziale Lage von Frauen in unserer Gesellschaft einzuschätzen, gleicht der Frage, ob ein zur Hälfte gefülltes Glas halbleer oder halbvoll ist. Auf der einen Seite sind, darauf weist die Frauenbewegung immer wieder hin, in der Bundesrepublik wie in anderen Industrieländern die sozialen *Ungleichheiten*

Simone Lengler

stehen »ihren Mann«, machen Karriere, sind Hausfrauen, Ehefrauen, geschieden, lesbisch, manchmal sogar alles zugleich oder im raschen Wechsel. Doch gilt: Frauen verharren in einer historischen Zwitterlage, in der beides, das uneigene und das eigene Leben, widerspruchsvoll miteinander vermengt sind. Sie sind *weder-noch* und zugleich *sowohl-als-auch*. Einerseits haben sie inzwischen zwei wichtige Bastionen des eigenen Lebens erobert – Recht und Bildung. Andererseits müssen sie nun erleben, daß das Papierrechte sind, mit denen die Männer kaum zur Aufgabe ihrer Privilegien (z. B. der Hausarbeitslosigkeit) zu bewegen sind. Einerseits hat sich die Zuweisung, die Zumutung an Frauen gelockert, qua Geburt (und Ehe) für die Haus- und Familienarbeit zuständig zu sein – mindestens in *ihrem* Kopf. Partnerschaft ist dann auch das Ziel, das vor allem in der jungen Generation leuchtet, und zwar sowohl bei weiblichen wie männlichen Jugendlichen. Auch Männer haben das Joch der Brotverdienerrolle satt und achten bei der Heirat auch auf die Berufsfähigkeit der Angehimmelten. In diesem Sinne ermöglicht die Erwerbsfähigkeit der (Ehe-)Frau ein Stück männlicher Emanzipation. Das eigene Leben der Männer wird freigesetzt aus dem Zwang, lebenslang eine »Erwerbslose« mit Kindern durchzufüttern.

Andererseits schnellen beim ersten Kind meistens die Verhaltensweisen wieder in die alten Rollenstereotypen zurück. Mütter müssen im allgemeinen nach wie vor, wie genetisch vorprogrammiert, zwei Arbeitsplätze zugleich bedienen. Beide sind gegensätzlich

zwischen Männern und Frauen keineswegs aufgehoben, sondern bestehen auf vielen Ebenen fort; ja sie werden sich in Zukunft möglicherweise noch verschärfen im Zuge der wirtschaftlichen Probleme, der steil ansteigenden Arbeitslosigkeit und der Krise des Wohlfahrtsstaates. Auf der anderen Seite, und ohne diesen Hintergrund ist auch das Entstehen der neuen Frauenbewegung gar nicht zu begreifen, haben während der letzten Jahrzehnte grundlegende Veränderungen im weiblichen Lebenszusammenhang stattgefunden – in der Familie ebenso wie in bezug auf Ausbildung, Beruf, Rechtssystem, Öffentlichkeit usw. –, die *Annäherungen* zwischen weiblicher und männlicher Normalbiographie eingeleitet haben. Beide Sichtweisen – der Vergleich mit den Männern wie der historische Vergleich – beinhalten ja für sich genommen charakteristische Verkürzungen und Einseitigkeiten«.[14]
Auch der Ausdruck »Frau« täuscht eine Einheitlichkeit der Lage vor. Tatsächlich herrscht eine schwer aufzuschlüsselnde Vielheit vor: Frauen sind Mütter, berufstätig,

[14] E. Beck-Gernsheim, Vom ›Dasein für andere‹ zum Anspruch auf ein Stück ›eigenes Leben‹, in: Soziale Welt, 1983, S. 307.

73

orientiert und organisiert, setzen sich aber doch voraus. Ohne Berufsarbeit ist Hausarbeit geldlos. Ohne Hausarbeit ist Berufsarbeit versorgungslos.

Wird dort rund um die Uhr gearbeitet, so hier nach (Stech-)Zeit; was hier keine, dort eigene Zeit bedeutet. Hier wird für Geld, dort für »Liebe« gearbeitet; hier ist die Frau Mädchen für alles, dort anerkannte Kollegin; hier führt sie das Leben der Familienexistenz, dort ein eigenes Leben. Die Arbeitsanstrengungen erfahren viele Frauen als *Ausbruch* aus dem Kollektivdasein »Familie«. Hausfrauen fliehen vor der Arbeit in die Arbeit. Sie laden sich zusätzlich Erwerbsarbeit auf, nicht nur, weil sonst der Geldbeutel nicht stimmt, sondern auch, um der Enge der Familienexistenz zu entkommen. Nur so verfügen sie über eigenes Geld. Dessen Verheißung bemißt sich nicht (nur) an der Kaufkraft, sondern (auch) an der Unabhängigkeit vom Zugriff der Familie, die es ermöglicht: Eigenes Geld gleich eigenes Leben. Nur wer es hat, kann es sich erlauben, nichts mehr davon zu wissen.

Auch ohne Erwerbsarbeit sind Frauen selten arbeitslos. »Frau« ist auch in unserer Gesellschaft immer noch ein anderes Wort für Arbeit. Das liegt auch in der Natur der Aufgaben – z. B. Staubwischen oder Essenkochen – begründet, um die es in der Hausarbeit geht: Beide sind wieder da, kaum daß weggewischt oder aufgetischt ist. (Dieses Tretmühlenlaufen im Immer-wieder der Hausarbeit war übrigens der Grund, warum die alten Griechen diese Art »Arbeit« eines freien Mannes unwürdig erachteten. Wenigstens so hat sich ja ein Stück altes Griechentum in der männlichen Haushaltsabstinenz erhalten bis in die Spätmoderne hinein …)

Wie Untersuchungen zeigen, leiden auch Hausmänner unter dem Hausfrauensyndrom – fühlen sich vernachlässigt, bangen um Anerkennung, verlieren ihr Selbstbewußtsein. Warum? Die Grundlagen des eigenen Lebens zerbrechen. In der Isolation der Hausarbeit fühlen Mann wie Frau sich abgeschnitten. Die

Abhängigkeit vom »Ernährer« (der Ernährerin) wächst. Man arbeitet mit Geld aus zweiter Hand. Der Gesichtskreis engt sich ein auf die Befehligung von Staubsaugern und Spülmaschinen, die Dududu-Versorgung von großen und kleinen Kindern. Nicht natürliche Weiblichkeit oder Männlichkeit, sondern die Möglichkeit oder Unmöglichkeit, ein eigenes Leben aufzubauen, entscheiden darüber, welche Eigenschaften, Fähigkeiten, Identitäten, welches Selbstbewußtsein, Auftreten und Engagement Menschen entwickeln. Ebenso gilt umgekehrt: Die Geschlechtsstereotypen verwischen und vermischen sich, wenn die Voraussetzungen der eigenen Lebensführung verallgemeinert werden.

In ihrem Zwischen- und Zwitterstadium sind die Frauen: *weder* nur berufstätig, *noch* können sie sich sozusagen vom Beruf in der Familie erholen. Sie sind immer noch beides; das Gesetz ihrer Existenz ist das Sowohl-als-auch; sie müssen aus Liebe *und* für Geld schuften. Nicht nur, weil der Anspruch auf das eigene Leben es so will. Auch die Scheidungsziffern sprechen diese Sprache. Scheidung – lehrt die Statistik – ist eine Falltür in die neue Armut. Alleinerziehende Mütter machen einen hohen Prozentsatz der wachsenden Sozialhilfeempfängerinnen aus. Viele Frauen sind sozusagen nur »einen Mann weit« von der Armut entfernt; was auch heißen kann: eine Heirat weit vom Aufstieg in bessere Verhältnisse.

Der Kampf der Frauen um ein eigenes Leben lehrt zweierlei: Unverzichtbar erstens ist der Beruf. Ohne Erwerbsarbeit – genauer: ohne Einkommen – brechen die sowieso immer nur kartenhausartig zusammengestellten Konstruktionen des eigenen Lebens in sich zusammen. Individualisierung lockert also nicht, sondern *verschärft* die Abhängigkeit des einzelnen von Erwerbsarbeit; dies bedeutet aber, daß zwei Trends sich in Zukunft überschneiden und verstärken und ein sowieso drohendes Problem verschärfen: Die *Nachfrage* nach Erwerbsarbeit wird intensiver bei gleichzeitigem Abbau von Arbeitsplätzen – selbst wenn der erhoffte Wirtschaftsaufschwung kommt. Immer *mehr* Menschen müssen sich immer *weniger* Erwerbsarbeit teilen, bei insgesamt sinkender Bevölkerung.

Ein Ausweg deutet sich an: Arbeit und Einkommen voneinander abzukoppeln, wie es das Sozialsystem schon jetzt ermöglicht: *Arbeitslosigkeit ohne Einkommenslosigkeit.* Das Zauberwort lautet: Grundrente. Dann kann die materielle Basis des eigenen Lebens abgelöst von der Verteilung des insgesamt schrumpfenden Erwerbsarbeitsvolumens gesichert werden.

Zweitens: In dem Maße, in dem Frauen ihr eigenes Leben erobern, verlieren sie als Gruppe an Eindeutigkeit; ja es wird immer sinnloser, in sozialen und politischen Kategorien von »Frauen« und »Männern« zu denken und zu handeln.

Mit anderen Worten: Mit dem Siegeszug des eigenen Lebens verwischen und mischen sich die Konfliktlinien neu, die mit der Industriemoderne politisch hervorgetreten sind. Der Preis des Erfolgs sind überall Unschärfen und Mehrdeutigkeiten, von denen heute schon – frech und aggressiv – der Postfeminismus in den USA und Frankreich Gebrauch macht: Nach dem Ende *der* Frau beginnt – die Lust (auf Vielheit).

Gabriele Thaler

Gabriele Thaler
Ein Wagnis
im Namen des Vaters

Nach achteinhalb Jahren Volksschule aus einem fränkischen Dorf nach Berlin, zwei Jahre Lehre in einer Werkstatt für historische Instrumente, Abitur in einer Schule für Erwachsene, Beginn eines Studiums der Kunstgeschichte, Betreucrin von Sprachkursteilnehmern in der Toscana, Ausbildung zur Restaurateurin (Untersuchung im Berliner Scheunenviertel, Hospitanz am Germanischen Museum in Nürnberg). Mit sechsundzwanzig der Führerschein.

»Bei einer Metzgerstochter«, hat ihr Vater, der Metzger Thaler, gesagt, »macht's nichts, wenn sie blöd ist«. Gabriele Thaler ist »im Geschäft« aufgewachsen, eigentlich »wie ein Junge«, Zensuren in der Schule egal, Rechtschreibung egal, vorgesehen war die lückenlose Erbfolge, die Einlösung des Tradierten. Die Bestimmung arbeitet mit magischen Kräften, wie sie bei einem Klassentreffen nach zehn Jahren feststellen konnte: Alle haben geheiratet und sind im Landkreis geblieben. Nur sie nicht.

Dabei hat sie die klassische weibliche Schiene radikaler sozialer Veränderung gewählt: die große Liebe. Die erste und die zweite. Die erste mit Andreas, dem Studenten der Musikwissenschaft. Die zweite mit Clemente, einem Italiener, der jetzt »mit 50 schwimmen lernt«. Mit ihm teilt sie seit einem Dutzend Jahren ein kompliziertes Leben zwischen Italien und Berlin. Seit zwei Jahren sprechen sie italienisch miteinander.

Ebenfalls seit zwei Jahren auch gibt es das Restaurant »Thaler« im bürgerlichen Teil Kreuzbergs, ein Eckrestaurant im Hochparterre, nicht groß, fast klassischer Chic, Küche mit fränkischem Einschlag. Es ist das Restaurant von Gabriele Thaler und ihrem weiblichen Kompagnon. Ein schwieriges Unterfangen, die Übernahme eines der ersten besseren Restaurants im Kiez. Der Metzger Thaler aus dem fränkischen Dorf liefert die Würste. Auch für seine Tochter, deren Restaurant seinen Namen trägt, ist dies eine »Annäherung an die Metzgerei. Ich werd'm Papa seine Verkäuferin«, hat sie als Kind gesagt. Gabriele ist Geschäftsfrau geworden und hat ihre ersten Erfahrungen gemacht und ihre zweiten: »Dienstleistung ist brutal. Gäste sind wie Babies, die ihre Flasche haben müssen« Es gibt kein Erbarmen am Schauplatz primärer und sekundärer Bedürfnisse. Nur: Der Erfolg hängt nicht davon ab, ob man zu Menschen nett ist. Soviel kann Gabriele Thaler mit Sicherheit sagen. »Die Arbeit hinter den Fassaden ist das Entscheidende«: Pacht, Banken, Lieferanten, Personal. Die ersten luxuriösen Träume sind ausgeträumt; sie putzt, bedient, kauft ein und macht die Buchführung, zwölf, vierzehn Stunden am Tag. Es ist ein bißchen wie die Erfahrung der Sechzehnjährigen in der Lehre: Wer Instrumente herstellt, an der Drehbank arbeitet, lötet und stanzt, hat bald nicht mehr die Geschmeidigkeit der Hände, sie zu spielen.

Sie weiß nicht, sagt sie auf die Frage des Fotografen, ob sie farbig träumt oder in Schwarzweiß. Aber manchmal wacht sie jetzt auf, die Hände zu Fäusten geballt.

Dirk Kaldewey
Mond über Malawi

Es gibt Leute, die wissen gar nicht, wo die Venus aufgeht. Oder wieviele Stunden dem Sichelmond am Himmel bleiben, bis er verschwinden muß. »Ich weiß dat«, sagt Dirk Kaldewey. Aber: »Ich bin kein toller Kerl«, sagt er auch. Damit es nicht zu Mißverständnissen kommt. Nichts von dem, was er äußert, ist taktischer Natur. Er hört nach innen, während er spricht, und er hört die Gegenstimmen, das bessere Argument, das nicht zu beendende Geplapper der Debatten. Er unterbricht sich selbst, schweift ab, verwirft – ein heiliger Ernst, aber ohne Mission. Mit einem Hauch von Verstörung und Eigensinn im Gesicht, steht er vor den Rätseln der Welt und befragt sie wie ein Orakel. Als Bauer spürt er den Druck des Weltmarkts, als Automechaniker kennt er den Teufelskreis getätigter Investitionen, als Weltreisender hat er das Nord-Süd-Gefälle lebhaft vor Augen.

»Eure Kinder«, sagt er zu seinem Freund, der ein Atomkraftwerk leitet, »werden uns verfluchen.« Weil wir mehr Zerstörung anhäufen als brauchbare Infrastruktur. Deshalb fand Dirk Kaldewey vor zehn Jahren auch die Grünen gut. Nicht so ganz und gar, denn eigentlich neigt er »zum Helmut«, den er ausnehmend intelligent findet. Die Grünen haben dann irgendwann angefangen, im Bundestag ihre Babies zu stillen, da war es mit der

Sympathie aus: »Dat geht nich.« Helmut Kohl hat diesen Fehler vermieden, aber im Osten Unmögliches versprochen. Mit Zaudern und Knurren geht Kaldewey zur Wahl: »Alle Parteien sind gut und alle Parteien sind schlecht.«

Belinda Bovingdon ist im Süden Londons aufgewachsen. Mit sechzehn hat sie in Italien Pferde trainiert, dann hat sie sich im Büro des Landwirtschaftsministers gelangweilt, später Kindern in einem amerikanischen Sommercamp das Lesen beigebracht. Sie war in England Bademeisterin und Anleiterin in einem Sportstudio. Sie hat sieben Monate in Südamerika gelebt, dann war sie in Australien, in Hongkong und China und ist via Transsibirische Eisenbahn nach Guildford zurückgekehrt, wo sie sich mit Mitte zwanzig überlegt, »einen richtigen Beruf zu ergreifen«. Dann sah sie die Anzeige, wo Expeditionsleiter für Afrika gesucht wurden, 6-Monats-Touren mit jeweils zwanzig Leuten in einem kleinen LKW. Das hat sie viereinhalb Jahre gemacht, und dabei traf sie Dirk Kaldewey.

Auch er, fast genau ein Jahr älter als sie, stammt von einem Bauernhof. Mit zwölf Jahren fing er Feuer für Moto Cross, und das hielt zehn Jahre an. Er machte seine Lehren nicht zu fern vom Elternhaus, die aufwendige Rundumausbildung zum »landwirtschaftlichen Gehilfen« und eine Lehre als KFZ-Mechaniker, bei der er ins zweite Lehrjahr einstieg als weitläufiger Autodidakt. Dabei hatte er es gar nicht eilig. Er träumte überhaupt nicht vom Mond über Malawi statt vom Mond über Ratingen. Was er konnte, brachte er zurück auf den Hof, wo er den Fuhrpark in Ordnung hält und bei den Ernten hilft. Eigenleistung ist der Schlüssel zur Rest-Wirtschaftlichkeit eines Hofs, der niemanden ganz ernährt, aber für alle unverzichtbar ist. Eine Amerikareise mit den Eltern, die er ohne große Erwartungen angetreten hatte, öffnete ihm die Augen: Der Globus, den er besaß, fing an zu leben.

Nach zwei Jahren immer wieder unterbroche-
ner Reisen in Afrika und Nepal heirateten Dirk
und Belinda Kaldewey unter dem Brausen der
Victoria-Wasserfälle in Zimbabwe, »das Ge-
räusch und die Tiere dabei, dat is ne Wucht
für mich«. Dirk Kaldewey als Bräutigam in
Afrika, mit einem weißen Anzug wie ein Kolo-
nialherr, das hat die Runde gemacht unter
Freunden und Bekannten. »Ich mach gern
Sachen, die andere nich machen.« Soweit
wie möglich möchte er sich entfernen von
den Zwängen der Urlaubsgesellschaft, sich
sichern vor den Sicherungen des Sozialstaats,
unabhängig sein von der Zuarbeit anderer.
Und selbst noch als Pächter des Hofes, der
er seit einigen Jahren ist, fühlt er sich dem
Gewöhnlichen verpflichtet, schämt sich ein
wenig vor den Kollegen mit der 38,5-Stunden-
Woche und dem Bausparvertrag: »Da nehm
ich den Hut vor ab.« Denn: »Wenn das jeder
machen würde« – was die jungen Kaldeweys
machen –, »wäre da keine Struktur mehr
drin.«

Belinda, jetzt ein Jahr auf dem Ratinger
Hof, macht sich da weniger Sorgen. Das ist ja
auch ihre Stärke. Sie war nie versucht, dem
Exotischen nachzugeben, der Hoffnung auf
ein ganz anderes, Religionen oder Drogen.
Sie ist in der Fremde eine Professionelle
geworden, neu anfangen muß sie erst in
ihrem neuen Zuhaus. Gerade baut sich das
Paar eine Dachwohnung aus, wo es sich als
Kleinfamilie vom Großfamilienbetrieb sepa-
rieren wird. Ein Haus bauen, das ist für sie
lernen durch tun, das Gegenteil des Lebens,
das sie kannte: in Zelten.

Sebastian Wong und
Michael Walker
Symbol gegen außen

Beim Supernintendo sind die brutalsten Spiele zum Abreagieren die besten, sagt Michael Walker. Er spricht für sich und für Sebastian Wong. Was aber ist, wenn der Kämpfer im Videospiel der Unterlegene ist? »Dann schalte ich die Konsole aus«, sagt Michael cool, und Sebastian lächelt in sich hinein, wenn er sich erinnert, wie er einmal vor Wut seinen Joystick, das Instrument der Steuerung, zerschlagen hat.

Michael ist ein zierlicher Junge von vierzehn Jahren, als »Mischling« spricht er von sich selbst, Kind eines afroamerikanischen Vaters und einer weißen deutschen Mutter. Aber auch in Sebastians sehr regelmäßigen Zügen gibt es den Hauch einer fremden Vergangenheit: Seine Großmutter ist »Halbchinesin«, und sie hat auch noch die Fotografien aus dem kaiserlichen Reich.

Ein Idealfall für die Familienministerin, ein Bild wie von Benetton: Zwei bayrische Buben, die sich anmutig und sicher bewegen in ihrer Welt der Zitate, die kunterbunt sind und geprägt vom sportlichen Hedonismus, einem Drahtseilakt zwischen Selbstverwirklichung und Idolfindung. Michael und Sebastian sind Repräsentanten des »global village« im süddeutschen Städtchen, halb Dorf, halb Münchner Schlafstadt, zwischen Wald und Autobahn: Gilching.

In der vierten Klasse begann ihre Freundschaft, die gleich im Jahr drauf auf die soziale Probe gestellt wurde: Michael blieb aus Furcht vor exorbitanten Hausaufgaben auf der Hauptschule, Sebastian wechselte ins Gymnasium. Michael bewährte sich in seinem Umfeld, als guter Schüler, als gewitzter Mitschüler, irgendwie autonom zwischen den

Horden verfeindeter Buben und Mädchen, deren gemeinsamer Haß den Türken gilt; und er beschreibt seine Position bizarrerweise konjunktivisch: »Ich könnte ziemlich zwischen den Fronten stehen.« Aber das ist auch Sebastians Erfahrung am Gymnasium, erst in Gilching und nach einem schnellen Wechsel dann im benachbarten Germering: Verwundert registriert er die monolithische Arroganz sich privilegiert empfindender Jugendlicher, deren Cliquengehabe Sebastian abstößt. Und so finden Michael und Sebastian, die Häuser ohnehin nur wenige hundert Meter voneinander entfernt, bald wieder zueinander.

Was sie verbindet, ist eine bestimmte Art von noch fast sorgloser Herzlichkeit mit einem Zug von – gesellschaftspolitisch motivierter – Melancholie. Und eine ähnliche Erfahrung mit dem Zerbrechen der traditionellen Kernfamilie. Beider Väter haben innerhalb der vergangenen zwei Jahre (gerechnet vom November 1993 an, als wir Michael und Sebastian kennenlernen) die Familie verlassen. Michael hatte, als er noch jünger war, gemeinsam mit seiner Mutter die Trennung verhindert, und Sebastian hatte, in Parteinahme für die Mutter, die Trennung der Familie gewünscht. Beider Mütter arbeiten jetzt ganztags, so daß Sebastian als ältester von dreien sich auch um die Geschwister kümmern muß, allerdings selten allein. Denn Michael ist ja auch da, das tägliche Pendeln ist Gewohnheit geworden. Michael wohnt hangauf mit seiner Mutter und ihrem (übrigens wiederum schwarzen) Freund, der Michael auch seine extravagante Frisur ver-

paßt hat, Bekenntnis zu den Roots der erweiterten Familie. Aber dann wohnt er doch wieder halbwegs bei der Oma, die in der Nähe von Ortskern und Schule ihre Wohnung hat und wo die Freunde in einer kleinen Kammer versammelt werden. Die »Oma« ist übrigens in Wirklichkeit die Uroma.

Am Beispiel der Frage, ob es Spaß machen würde, eine Farm in Kanada zu betreiben, wird deutlich, wie selbstverständlich die beiden Jungen die existentielle Wucht der Individualisierung projektiv in Rechnung stellen. »Wenn die Ehe auseinanderbricht«, so Michael, »hättest du die Farm allein zu bewältigen«. Und wenn das nicht möglich ist? »Dann verkaufst sie halt. Machst dabei vielleicht Verlust.« Verluste kalkulieren, das gehört dazu. Das Schaudern bei der Erinnerung an den Streit im Haus ist größer als die Angst, daß Bindungen sich lösen: »Zum Glück kann man sich scheiden lassen, nicht wie früher« (Sebastian). »Es ist ja keine Todesstrafe zu scheiden« (Michael). Die Öffnung schließt neue Partner der Eltern mit ein. »Solange einer nett zu mir ist«, ist er oder sie akzeptiert. Das Bedürfnis des getrennten Elternteils nach Zuwendung wird verständnisvoll parallelisiert: »Also ich, ich bin nicht gern allein in der Wohnung.«

Daß schwarzweiße Ehen zerbrechen und andere auch – nicht das ist bemerkenswert, sondern wie die Jungen sich damit arrangieren. Der Stolz eines Gleichaltrigen auf dem Baseballplatz, der die Einheit der Eltern als in seinen Augen erfolgreiches Paar beschwört, wirkt schrill im Vergleich mit der weichen Abgeklärtheit Sebastians und Michaels. Im Gegenteil, die wuchernde Gestalt der Familie wird mit Stolz belegt und nicht ohne Eifer beschrieben. So war Michael mit seiner Mutter, Frau Walker, im Sommer bei der Familie seines (leiblichen) Vaters in Texas. Sie, Michaels Mutter, gehöre »immer noch zur Familie«, sagt die amerikanische Oma, die gemeinsam

mit ihrem jetzigen Mann, der selbst Kinder mit in die Ehe brachte, »ungefähr neun« (Michael) Kinder hat. »Wahrscheinlich«, sagt der Junge aus Gilching über seine amerikanische Verwandtschaft, »kriege ich noch einen Stiefcousin mit 14«. Und da unterbricht ihn Sebastian, der Michael sonst gern das Wort überläßt, um zu berichten, daß er selbst auch noch einen Halbbruder in Österreich hat, der »ich glaube 22« ist, »den sehn mer jetzt ab und zu«. Die Familie als diplomatische Verbindung, ein bißchen wie noch im achtzehnten Jahrhundert die Internationalität des Adels: Sebastian neidet Michael seine zweite Heimat in der Hafenstadt Boumont, TX, wie ein lebenslanges Besuchsrecht in Sanssouci oder Neuschwanstein.

Wenige Wochen vor unserem Treffen haben sie begonnen, American Football zu spielen, als sie altersmäßig endlich durften: »Das machen wir jetzt länger und bleiben auch dabei.« Amerikanischer Sport ist ja überall (selbst die unbeweglichsten der Kids tragen die Mützen der L.A. Raiders, des Baseballteams Michael Jordans), aber für die Eingeweihten hat amerikanischer Sport mehr als die Präsenz in den Medien und eine verspielte Akkuratesse in den Accessoires: ein scharf geschnittenes Nebeneinander von Härte und Fairness, Kraft und Geschwindigkeit – Schwarzen und Weißen. In der Nähe von München, für ein kleines Team wie Michael Walker und Sebastian Wong, ist Football natürlich auch etwas Exotisches; schön weit weg von Bierseligkeit und Schlagerglück. Ferner mag es ein sinnvoller Code sein für eine Freundschaft, die als Symbol gegen ein gleichgültiges Außen konstruiert ist, so wie das Baumhaus im Wald oberhalb Gilchings, das den Jungen gehört.

Vergleicht man ihre für Vierzehnjährige doch schon fast barock anmutenden Biographien, fällt natürlich der Unterschied ins Auge: Michael hat vielleicht einen weiteren Weg vor sich, um sich seinen sozialen Fähig-keiten, seiner Intelligenz und Auffassungsgabe gemäß eine Position zu verschaffen; andererseits lebt er mit dem Vorteil der doppelten Herkunft, der möglichen Wahl der Staatsbürgerschaften, dem Hauch von Jetset. Sebastian ist natürlich näher am deutschen Mainstream – ein Gymnasiast, an dem das Auffälligste sein bester Freund ist, und das ist ihm vielleicht ganz lieb so. Im Laufen, sagt er, der höher Gewachsene, sei er schneller, aber Michaels Fähigkeit liegt im souveränen Springen aus erheblicher Höhe. Daß sie wissen, worin sie gut sind, macht sie stark.

Wolfgang Kreutzberger
Glück und Recht

Unschwer ist an ihm der Achtundsechziger auszumachen: ein penibles Äußeres ohne formale Kleidung; ein Hang zur Begründung und zur Begründung der Begründung, die betont das Irrationale und Unbewußte einschließt; der Stolz auf das Erreichte, der angenagt ist von der Überzeugung, Träger eines Privilegs zu sein.

Nehmen wir an, er wäre eine Figur in einer Erzählung. Er könnte eine Nebenrolle haben im Erstlingsroman eines aalglatten Endzwanzigers, der den offen »schwulen« Hochschullehrer verhöhnt – als gäbe es nicht eine wunderbar verschlungene Tradition der Täuschung. Er könnte der Held einer gefühlsgeladenen Story sein, die den liebenden Vater als Vorkämpfer des Kindesrechts zeigt, ein hedonistischer Guerillero im Nahkampf zwischen Küchentür und Küchentür. Er könnte der Mann im Hintergrund sein, ein Taschenspieler der Gerichtssäle, der ständig wachsende Schatten im psychischen Leben einer Frau, die ihre Geschichte schließlich einer Therapeutin offenbart – die sie als Fallgeschichte publiziert.

Oder er schriebe seine Autobiographie als ironischen Extrakt einer teils poetisch sanften, teils makabren Geschichte einer schwulen (soll heißen: bewußt und bekennend homosexuellen) Emanzipation. Und ihrer Rückseiten. Sagen wir, die Autobiographie hätte 180 Seiten und wäre nach dem gängigen Muster chronologisch erzählt. Für jedes Lebensjahr wären etwa drei Seiten vorgesehen. Die ersten Seiten wären eine Geistergeschichte, ein Tasten an Personen und Orten, deren Namen und Gestalt dunkel blieben. Auf Seite siebzehn würde die Mutter im April

1945 beim Artilleriebeschuß der Stadt Karlsruhe sterben, auf Seite achtzehn würde der Vater das Kind aus einem Heim, das nicht sein erstes wäre, nach München holen, und auf der folgenden Seite würde der Vater – gerade aus dem KZ Dachau seit ein paar Wochen befreit – just in der Dachauer Straße von einem amerikanischen Militärfahrzeug überrollt. Vierzig Seiten würden dem Verlies der Kindheit und Jugend gelten, dem düsteren Patriarchat eines fast blinden Stiefvaters, der sich Frauen wie Hühner hält und dem Jungen die Gleichung Frauen = Geschlechtskrankheit eintrichtert. Erst bei zwei Drittel des Buchs würde der Leser mit Wolfgang Kreutzberger in Erfahrung bringen, daß der Erzähler homosexuell ist. Er ist in seinem vierzigsten Lebensjahr. Er braucht einen Psychoanalytiker, um das zu erkennen.

Dazwischen liegt die Geschichte einer Ehe, die sein Leben wohl nicht sehr tief geprägt hätte, wäre der Irrtum nicht so folgenreich gewesen: Geschlossen wird diese Ehe von Freunden, die bereits mehrere Jahre ihres Studentenlebens geteilt hatten, ohne je den Teufel im Leib zu spüren. Eine schwarzweiße Fotografie aus seinem Fundus zeigt das Ehepaar Kreutzberger: zwei blasse, angestrengte Menschen, diesseits der Erfahrung und schon Opfer ihrer eigenen Agitation. Statt mit Glück und Unglück beschäftigen sie sich mit Recht und Unrecht. Sozialistische Tristesse, West-Deutschland, 1973.

Sie nehmen ein Kind zu sich, Nicole, deren Adoption sich als kompliziert und langwierig erweist. Als das Verfahren abgeschlossen ist, hat Wolfgang Kreutzberger gerade die Koffer gepackt.

Es hat, sagt Kreutzberger, in der Zeit der Ehe und davor kein Doppelleben gegeben, keine heimlichen Besuche am Bahnhof, keine unter »Verirrung« abgebuchten Nächte mit Kommilitonen, nicht die süß-ängstlichen Wald- und Wiesenabenteuer der frühen Pubertät. Nicht einmal Träume dieser Art; statt dessen für ihn selbst erst später lesbare platonische Neigungen und »aufs Griechische gerichtete ästhetische Verzückungen«. Homosexualität ist für den jungen Wolfgang Kreutzberger – der bei Kriegsende sechs ist und zum Zeitpunkt der Vereidigung Ludwig Erhards als Kanzler vierundzwanzig – etwas Absonderliches, etwas, das man vom Flüstern kennt, etwas, das zur Entfernung eines Lehrers aus der Schule führt, etwas, wovor ihn der Stiefvater warnt in Form einer Chiffre, den »175ern«. Es ist, als habe der blinde Erzieher dem Jungen seinerseits den Blick getrübt – den Spiegel, in dem das Kriegskind sich hätte sehen können, mit Angst vollgehaucht.

Als Kreutzberger sich mit knapp vierzig eingesteht, daß er Männer will und von Männern gewollt werden will, liegt er noch besser im Trend als mit seiner jugendlichen Verdrängung zuvor. Die schwule Emanzipation ist ihm weit voraus, es gibt schwule Zirkel, Organisationen, Foren, kommerzielle Szenen. Und – zumindest in Amerika – die ersten offen schwulen Väter.

Tatsächlich unternimmt er mit der Scheidung zu Anfang der achtziger Jahre den ersten Versuch, das Sorgerecht für das Kind zu bekommen. Als die Homosexualität ins Spiel kommt, schwenkt der Richter ein auf eine Regelung, die besagt, daß Nicole noch einmal gefragt werde, wenn sie zwölf Jahre alt sein wird. Das Kind ist häufig beim Vater, und er fängt an, in Erfahrung zu bringen, was es bedeuten kann, ein schwuler Vater zu sein.

Da gleicht seine Erfahrung der anderer Elternhälften: Es kann keine Liebe geben, in der das Kind nicht als drittes eine Rolle spielt – und zwar letztlich die entscheidende. Trotz einer langjährigen Beziehung zu einem jüngeren Mann, der sich mit dem Kind gut versteht, zieht der Vater mit seinem Freund nicht zusammen. Er vermeidet es, die Lebensform zu ändern, als warte er immer noch auf Nicole: Als er eine Wohnung aufgeben muß, wechselt er in eine größere. Er sieht das Kind noch immer als »sein Kind« – die enge Bindung aus den ersten Jahren, als er für die Betreuung weitgehend verantwortlich war.

Die spannendste Stelle seiner Erzählung ist natürlich, als die Polizei das Haus umstellt, in die Wohnung kommt, um angebliche Katastrophen zu verhindern. Nicole, jetzt zwölf Jahre alt, bekennt sich zum Vater wie schon acht Jahre zuvor – da kann auch die Polizei nichts machen. Und wieder beginnen die Prozesse, über drei Instanzen, Jahre der Unruhe, der Drohungen, der Abschottung. Wieder geht es um Recht und Unrecht. Am Ende darf das Mädchen bei seinem Vater bleiben. Es folgt ein gemeinsames Jahr in San Diego, CA. Es gibt ein farbiges Foto von Nicole, das sie sehr entspannt zeigt und sehr amerikanisch.

Daß er kein Doppelleben führt, gilt für Wolfgang Kreutzberger auch nach seinem Coming-out. Als akademischer Direktor (eine verzwickte Rechtskonstruktion aus den siebziger Jahren) hat er Anfang der achtziger Jahre auch Seminare zum Thema schwuler Emanzipation gemacht. Aber dann erkennt er: »Das Thema liegt überhaupt nicht an der breiten Wegesstrecke der Politikwissenschaft«, die sein Fach ist. Akademische Kompetenz mag er lieber ins schwule Spiel bringen, wenn er bei Treffen außerhalb des Lehrplans seinen Auftritt hat oder wenn er zu Tagungen fährt, wo er zu sozialen und literarischen Themen »fröhlich dilettieren« darf.

»Ich bin keine ausgemachte Trine und auch kein Lederkerl«, sagt Kreutzberger über sich. Es hat sich herausgestellt, daß Schwule in ihm »andere Hinterlassenschaften« spüren, auch wenn sie nicht wissen, daß er Vater ist. Er kokettiert keinesfalls damit, vielleicht irgendwie doch nicht schwul zu sein, aber seine späte Entscheidung und die spezielle Konstellation der Vaterschaft haben verhindert, daß sich um ihn der schwule Kokon gebildet hat. Die besten Freunde sind zumeist Freunde »von ehedem«, die ihm geblieben sind. Bedingt durch seine späte Entdeckung fehlt ihm vielleicht die Zeit der »sexuellen Revolution« – die Erfahrung mit der Promiskuität, an die sich ja nicht nur Schwule mit Nostalgie erinnern. Das hat ihn, verbunden mit einer gewissen Vorsicht und einem Gefühl der Verpflichtung, wohl auch vor dem HI-Virus bewahrt. Weil Nicole selbst früh ein Kind bekam, ist Wolfgang Kreutzberger Mitte fünfzig Großvater geworden; einer, der von Babies und Kleinkindern was versteht. Plötzlich stellt sich, jenseits der eigenen Pflegkindschaft und der Adoption Nicoles, die biologische Familie ein: eine bizarre Rückkehr von »Normalität« in ein Leben, das vom ersten Moment an nicht nach Idylle aussah und wenige Phasen hatte, in denen die Elementarkonflikte nicht virulent waren. Wolfgang Kreutzberger hat für sich eine bestimmte heitere Unverletzlichkeit gewonnen, die nur Leute haben, denen tiefer und konstanter Schmerz nicht fremd ist. Sein Glück besteht nicht darin, Recht gehabt zu haben, sondern Glück gehabt zu haben. Das jedenfalls strahlt er aus.

Anja Seeliger
Die Orchideen nicht erwürgen

Sie weiß nicht, ob Erfolg für sie wichtig ist: »Ich hatte noch keinen.« Das sagt sie mit jener Mischung aus Freude am Groben und spielerischer Ironie, die ihr eigen ist. Falls sie mit sich hadert, man sieht es nicht. Sie scheint ihren Modus gefunden zu haben. Doch gleicht der Modus keinem Label. Sie wirkt nicht wie eine Studentin und nicht wie eine Businessfrau, nicht wie eine Angestellte und nicht wie ein Bohemien. Sie ist kein Underdog und kein Aufschneider. Und nicht Durchschnitt.

An manchen Tagen sehen sich Leute nach ihr auf der Straße um. Irgendetwas ist da. Diese dunkel und kastanienrot gefärbten halblangen Haare, Streifenpulli aus der Ära Kiesinger, Bluejeans, ein etwas lässiger Schritt ohne laszive Kunstpausen. Eine metropolitane Figur ohne existentialistischen Unterton. Nicht androgyn. Nicht gewollt fraulich. Kreuzberger Freistil.

Die Bilder in der Küche hängen dort seit Jahren. Sabu, der indische Junge aus einer Kipling-Verfilmung. Shane McGowan, der irische Knecht des Königs Alkohol; Keith Carradine als karnevalesker Rock'n'Roller in Trance; Anja Seeliger, mit siebzehn auf einer Party, bei bester Laune, die Haare blond und lang; Charles Laughton als perückentragender Richter in einem Hitchcock-Film und Burt Lancaster in einer Westernszene. Wieso Lancaster? »Der sah einfach gut aus, der konnte sich bewegen. Das war natürlich später ein Klischee, das raubtierhafte Lachen. Im Alter war er unheimlich elegant, aber hatte auch etwas Trauriges. Als sei das Leben vergeblich.«

Die Bilder hatte sie gesammelt, als sie noch keine Filmkritiken schrieb. Von Filmen hat sie dann versucht sich abzuschauen, wie man schreibt. Eine Anschauungsweise, die man sich zu eigen macht, ein Universum der Moden, Blicke, doppelbödigen Konventionen, projektiven Stile. »Schon immer« war ihr zuwider, wenn etwas »Natur verkörpern« soll.

Die Wirkung einer Person hängt davon ab, sagt sie, »wie sehr jemand etwas sein will«. Der Entwurf muß inszeniert werden. Es macht ihr nichts, wenn man die Inszenierung sieht. Im Gegenteil. »Wenn es mit Betrug zu tun hat, das gefällt mir.« Deshalb liebt sie den Schauspieler, der seine Schönheit trägt, als habe er sie selbst erfunden, und den irischen Sänger mit den faulen Zähnen und den abstehenden Ohren, der seine Fresse in die Kamera hält wie ein Sieger. Sie hat etwas übrig für die älteren Türken, die im Ruhestand herausgeputzt durch den Kiez flanieren, und für die Festkleidung der Puertoricaner.

Seit ein paar Monaten versucht sie, Vivienne Westwood zu treffen, die exaltierte Modemacherin aus England, die gesagt hat, es gäbe 95 Prozent Unkraut und nur fünf Prozent Orchideen. Und das Unkraut solle »gutes Unkraut sein und nicht versuchen, die Orchideen zu erwürgen«.

Ihre bilderlose Kleinstadtjugend in einem grauen Nest absolviert sie, ohne aufzubegehren. Sie studiert Jura, erstes Staatsexamen inklusive, um sich zu beweisen, daß sie »logisch denken kann«. Man hatte ihr früher das Gegenteil nachgesagt. Aber sie wollte nie Juristin sein. Jetzt verdient sie den größten Teil ihres nicht gerade opulenten Einkommens als Sekretärin bei einem Anwalt, an zwei Tagen in der Woche. Den Rest der Zeit widmet sie ihrem selbstgewählten Orchideenfach: Reportagen, Interviews, Kritiken.

Eine Frau, noch nicht Mitte dreißig, die sich »meistens jünger fühlt«. Am Sport kann es nicht liegen, sie macht keinen. Sie lebt ihre Interessen, aber sie führt sie nicht vor. Scheinbar fließt alles, was sie schafft, zurück in ihre Person – nur sehr langsam entsteht neben ihr das, was in Amerika »persona« heißt, die öffentliche Projektion. Sie weiß, was sie will, aber sie verkauft es nicht. Sie hat Ehrgeiz, aber sie ist nicht ambitioniert. Sie mag nicht kämpfen, schon gar nicht um Geld.

Sie lebt allein, und sie will alleine leben. Einen Hausmann zu haben, das wäre natürlich bequem, »der den Staub wegmacht und wenn du nach Hause kommst, steht das Freßchen auf dem Tisch«. Aber andererseits, was sollte man mit so einem dann reden.

Sie hat die Unabhängigkeit gewählt, als Ziel. Sie nimmt sich mit Selbstverständlichkeit, was Männer sich nehmen; und bewegt sich doch in weiblichen Genres: Mode, Leute, Stile. Aber sie ist keine Frauenjournalistin. Sie ist Journalistin. Wenn sie Zeit dazu hat.

Ein Grund, sagt sie, daß sie mit keiner Zeitung eng kooperiert, sei, daß ihr keine wirklich gefalle. Es sei überhaupt kein Ort mehr auszumachen, an den die Energien gerichtet fließen. Die »alten '68er, die linken und die rechten, tragen ihre alten Kämpfe aus«; und doch beneidet sie sie um ihren Aufbruch. Wer, sagt Anja Seeliger, ist die »Stimme aus unserer Generation, die so gewichtig ist, wie Enzensberger für seine?« Auch die Nouvelle Vague wäre nicht denkbar mit einer Person, Truffaut oder Godard. Ein solcher gemeinsa-mer Bezug – das fehlt ihr wirklich. Jeder, sagt sie, wurschtelt vor sich hin. Die einzelnen zeigen sich »flexibel«, die Institutionen treiben die Normierung voran. Der Grafiken-Wahn in »Focus« als Beispiel.

Es wäre schon gut, sagt sie, wenn die Redakteure sich von alleine melden würden; aber einen Anrufbeantworter hat sie nicht. Noch flirtet sie mit dem Paradoxon und andersherum. Neulich jedoch bekam sie einen Auftrag von einer Zeitschrift namens »Boom«: eine Begegnung mit radikalen Biographien. Bevor der Text erschien, war die Zeitschrift allerdings in der Baisse verschwunden.

Simone Lengler
Soziales Muß

Mehr als ein Jahrzehnt hat es nach einer Bio- graphie konsequenter Weigerung ausgese- hen. Aufgewachsen in einer westfälischen Kleinstadt, vom Vater nach der Handelsschule in ein Büro gesteckt, fiel Simone nach drei Jahren Lehrzeit durch die Prüfung und mach- te sich davon nach Hannover. Im Kreis von Studenten und anderen, »die Zeit hatten«, testete Simone Lengler ausgiebig das dolce far niente. So rauschte sie in die achtziger Jahre, alle Zeichen auf Krise. Sie besucht einen »Kapital«-Kurs an der Uni (»konnte da aber nicht mitreden«) und engagiert sich in der Friedensbewegung. Ansonsten gehört sie zu den allabendlichen Besucher(inne)n sämt- licher Clubs und Diskotheken, von denen allerdings die besten nach einigen

Jahren geschlossen werden. Sie entdeckt, daß sie lesbisch ist, hat ihr Coming-out. Die Frauen der »Szene«, die sie nun kennt, teilen allerdings nicht ihre politischen Interessen. Die bis dahin gepflegten Kontakte des selbst- genügsamen Lebens zerfasern und überleben sich. Das Lebensmuster der Hippies ohne deren Spiritualität bietet keine Zukunft, auch nicht auf kurze Frist.

Mit dem Wechsel nach Berlin endet das exemplarische Kapitel von Verweigerung, das Simone Lengler ein Jahrzehnt lang gelebt hat. Sie zieht mit einer Freundin zusammen, und aus dem Fabrikjob bei dem Schreibwarenpro- duzenten Herlitz werden drei Jahre, allein, um den Lebensstandard der Gemeinschaft zu sichern; ihre Freundin macht spät das Abitur nach. Langsam beginnt Simone zu begreifen, daß sich nicht zu qualifizieren bedeutet, die Orientierung im Sozialen zu verlieren – profil- los zu bleiben. Es gibt in Berlin keine über-

schaubare Szene von Leuten, die sich im Nichtstun wohlfühlen. Die Option, jegliche Insignien von Erfolg zu verweigern, verfällt. Sie beschließt, sich vom Arbeitsamt »um- schulen« zu lassen, Steuerfachgehilfin zu werden: Leute, die dringend gebraucht wer- den, seit die Klientel aus dem Osten dazuge- kommen ist. Nach zwei Jahren Ausbildung, sämtliche Mit-Umgeschulte haben längst ihre Plätze in »grauenhaften Büros« gefunden, genießt Simone Lengler noch einmal einen Berliner Sommer. Sie ist 32 Jahre alt. Dann inseriert sie ein einziges Mal in der Zeitung, deren Leserin sie ist. Seit Herbst 1992 ar- beitet sie in einem Steuerbüro höchst un- gewöhnlichen Zuschnitts, das die luftige, ega- litäre Atmosphäre produktiver Kooperation verströmt – »amerikanisch« vom Typ, im Habitus quasi alternativ. Niemand schaut auf die Uhr. Wer morgens kommen will, kommt morgens, wer mittags kommen will, kommt mittags. Hauptsache, die Arbeit wird gemacht.

Eine Frau, die etwas vom Steuerrecht ver- steht, genießt ein hohes Ansehen im alterna- tiven und politisch engagierten Milieu. Sol- cherart Geheimwissen ist immer gefragt. Gelegentlich macht Simone Lengler Pläne. Bilanzbuchhalterin in einem alternativen Indu- strieunternehmen zum Beispiel ist eine Arbeit, die sie sich vorstellen kann. Die be- schaulichen Jahre im Schoß des Sozialstaats sind definitiv vorbei.

Monika Kluge, Sebastian und Andreas-Manuel
Oberbayern – Niederbayern
(Eine Emanzipation)

Der Schock saß ziemlich tief für Monika Kluge, die damals einen Doppelnamen trug. Sie war Mitte zwanzig und wollte mit ihrem damaligen Ehemann und einem anderen Paar einen Hof in Niederbayern kaufen. Sie hatte einen Bausparvertrag laufen und sollte nominell die Eigentümerin des Gemeinschaftsprojekts werden. Aber ihre Unterschrift zählte nicht, bei der Sparkasse nicht allein, und bei der Bausparkasse gar nicht. Geltendes Recht vor der sozialliberalen Reform: Die Unterschrift des Mannes war gefragt. Um handlungsfähig zu sein, mußte sie sich von ihrem Ehemann eine Generalvollmacht geben lassen. Der Notar warnte ihn in ihrer Anwesenheit, er wisse hoffentlich, was er da tue. Die Ehe ging, ohne Hauen und Stechen, bald auseinander.

Ein rascher Szenenwechsel: von der Klosterschule, vom oberbayrischen Dorf – wo das Phänomen »1968« in weiter Ferne vorbeigerauscht war – in die Stadt, nach München, kurz vor der Olympiade. Monika Kluge macht ihre Ausbildung zur Krankengymnastin, richtet in Pasing mit anderen ein Haus her, das dann von zwei Wohngemeinschaften belebt wird, und kennt plötzlich nur noch Leute, die für den Zeitenwandel stehen: »Linke«, sagte man damals. Sie liest den »Stern« und

den »Spiegel« (bis heute), und sie paßt sich ein ins kulturelle Gefüge der Stadt: Kneipen, Kino, Theater. Über den einen Schlüssel, die Jugend zu verlängern, verfügt sie allerdings nicht: die Hochschulzulassung. Wenn sie sich emanzipieren will, das ist klar, dann auf eigene Kosten.

Sie, die »immer Kinder haben wollte«, bekommt den ersten Sohn ohne Aspirationen auf die komplette Familie. Das Bündnis mit dem Vater ist lebhaft, aber fragil. Sie weiß es. Sie wohnt erst allein mit dem Kind und nimmt es mit in die Praxis, dann kommen sie doch noch zusammen, um eine Familie zu bilden, bis das jüngere der Kinder zwei ist. Der Vater wird dann – und ist es geblieben – ein regelmäßiger Betreuer der beiden Jungen im Hause Kluge. Kein Streit um die Kinder, während die Lebensentwürfe sich trennen wie zwei Hälften eines Vorhangs. Dem Vater bleibt die Bindungslosigkeit, die Lebenskunst – er macht in München von sich reden als Rikschafahrer – und Monika Kluge steuert lieber selbst. Sie richtet sich ein in der etwas anstrengenden Prosperität des Stadtrandbezirks Trudering, zwischen eigener Praxis und eigenem Haus, mit ihren eigenen Kindern. Den Doppelnamen hat sie zugunsten ihres Geburtsnamens abgelegt, damit die Kinder nicht nach dem von ihr geschiedenen Mann heißen, der im Leben von Sebastian und Andi keine Rolle spielen wird.

Neben dem Patchwork des Alltagslebens reift der niederbayrische Hof zu einem dauerhaften Projekt mittlerweile »alter Freunde«. Das andere Paar aus der Gründergeneration ist nach seiner Trennung geblieben und hat sich mit neuen Partnern verdoppelt. Bevor zum Haupthaus ein ansehnlicher Neubautrakt auf dem Grundriß der alten Ställe errichtet wird, finden sich die Besitzer wieder bei einem Notar ein. Fünf Erwachsene mit unterschiedlichen Namen und drei Kinder. Das hätte der Notar gern erläutert. Es steht so: ein Ehepaar ohne Kinder (sie amerikanische Staatsbürgerin), ein unverheiratetes Paar mit

einem Kind, eine Frau namens Monika Kluge mit zwei Kindern. Eine Gesellschaft bürgerlichen Rechts zu gründen, erläutert der Notar, bedeute, daß allen alles gehöre, nicht jedem ein Teil. Es gibt dafür auch ein Modell, von dem jeder mal etwas gehört habe. Die GbR sei »wie eine Ehe«.

Manchmal gibt es schlaflose Nächte, bevor die nächste Entscheidung fällt: über Praxis, Haus, Hof, über die Anschaffung eines neuen Autos. Da fragt sie sich, ob es nicht doch gut wäre, jemanden zu haben, der einen bestärkt. Aber wer hat schon eine so sichere Intuition in Grundsatzfragen wie sie? Auch in der Praxis sieht sie sich als diejenige, die mit beiden Beinen auf dem Boden steht, während der andere Teilhaber wiederum zur Fraktion der Träumer gehört, der Ideenmenschen.

An den Möglichkeiten emanzipierten Lebens hat sie – seit sie davon weiß – nicht mehr gezweifelt. Aber es sind nicht Meinungen, die die Verhältnisse ändern, es ist die Tätigkeit, die Wirkung zeigt. Das schließt auch Monika Kluges Mutter ein, für die ein solches Leben undenkbar gewesen wäre; was sie nicht daran hindert, unterstützend daran Anteil zu nehmen. Der städtische Lebensentwurf macht Schule, traditionaler Starrsinn ist selten geworden wie sein Vehikel, die päpstlich gehütete Jungfernschaft.

Rolf Denninghaus und Maximilian Oesterling
Was richtig wäre

Als Max fünfzehn Monate alt war, flog Rolf mit ihm nach Fuerteventura. Zum ersten Mal war er für das Kind allein verantwortlich. Absichtlich hatte er Max mitgenommen – »um nachzudenken«.

Bei der Rückkehr war klar, daß Rolf Denninghaus sein Leben verändern würde. Seine Arbeit hatte ihm gezeigt, »daß du in Anführungsstrichen deinen ganzen Mann stehen kannst«; mit dem unauflösbaren Nachteil, daß er so keine Chance haben würde, »mit dem Kind wirklich etwas zu tun zu haben«. Die Entscheidung, nicht mehr in seinem erlernten Beruf als Speditionskaufmann zu arbeiten, fiel, nachdem die Eltern von Max sich bereits getrennt hatten (zum ersten Mal).

Die Zeit davor betrachtet Rolf nicht ohne Wehmut. In einer Hausgemeinschaft, die aus einer Männer-WG hervorgegangen war, lebte er unter dem Dach allein, dann mit Katja, dann mit Katja und Max – das war »so ähnlich, wie ich eigentlich hatte leben wollen«, mit Familie und unter Freunden zugleich. Aber das Modell mit dem hart rackernden Mann und der Frau, die immer zu Hause ist, war der Balance nicht zuträglich gewesen. Im nachhinein bedauert er, daß er die Hausgemeinschaft verließ, als die Familie sich auflöste. »Das war so eine Art Bruch«, dessen Regel er so paraphrasiert: »Jetzt verändert sich etwas, jetzt veränderst du auch etwas.«

Die nächste Station für Rolf war eine eigene Wohnung, und in dieser Wohnung fand sich die Familie später noch einmal zusammen, für eine Zeit von anderthalb Jahren, lange bevor Max in die Schule kam. Jetzt war das Job-Modell paritätisch, auch wenn das für die Eltern bedeutete, fast jede Arbeit annehmen zu müssen: Servieren, Taxifahren, Regale einräumen im Supermarkt. Beide hatten mit Mitte zwanzig auf dem zweiten Bildungsweg zusammen das Abitur gemacht, jetzt fingen beide auch an zu studieren. Das Ergebnis war, daß man sich zu Hause »nur noch die Klinke in die Hand gab« – und »ihr habt gestritten«, daran erinnert sich Max.

Es gab schon so etwas wie ideale Kompromisse, aber nicht im Rahmen der Familie. Katja zog in eine Siedlungsgegend, wo Max einen Garten hat, und Rolf blieb in der Wohnung, wo das größte Zimmer sich zum Spielplatz auswuchs. Jetzt geben sich die Eltern noch immer die Klinke in die Hand, aber es ist Absicht. Sie haben sich geeinigt, Max mit gleichem Engagement zu betreuen, und ermöglichen sich damit gegenseitig das Studium und die Jobs.

Für Rolf Denninghaus, der bald ein ausgebildeter Grundschullehrer sein wird, ist die Lage »in Ordnung«. Im Rücksitz seines Taxis sieht er die Gestalten, die am rigiden Arbeitsleben festgehalten haben und den schreitenden oder eingetretenen Verlust ihrer Familien beklagen, »wenn es Wochenende ist und sie etwas getankt haben«. So bestätigt sich für ihn, daß die weiche Alternative eine echte Alternative ist.

Es ist in Ordnung, weil man das Glück nicht planen kann. Dennoch ist er »unzufrieden«. Denn den Gewinn, halbwegs Single zu sein, schätzt er gering ein – seine Domäne ist ohnehin die Gemeinschaft. Er hat eine Idee dessen, »was eigentlich richtig wäre«. Er beobachtet, »daß du, wenn du andere bescheißt, der Große bist«: eine narzißtische

Gesellschaft gieriger Einzelner, deren Repräsentant er nicht sein möchte. Die Vorstellung vom Familienleben im Reihenhaus ist für ihn, trotz oder wegen seiner Erfahrungen, »gar nichts Schlimmes« – vorausgesetzt, die Eltern haben beide die Möglichkeit, sich im Beruf zu verwirklichen. Hier sieht er ein Manko: die halben und die Halbtagsberufe sind für Männer rar. Wenn ein Mann mal Sekretär ist, dann gleich Staatssekretär.

Dafür, nicht zum patriarchalen Arbeitstier verkommen zu sein, hat Rolf Denninghaus selbst gesorgt. Aber die Entscheidung hat, letztlich, nicht zurückgeführt zur Familie. Er bedauert das. Er sieht, wie schwer es ist, auf einem Fundament der Emanzipation den archaischen Bau wiederzuerrichten; »fortschrittlich-konservativ« nennt er die Haltung, mit der er gewiß nicht allein ist.

Jugend als Form und Avantgarde des eigenen Lebens

Ulrich Beck

Viele setzen sich für die Rechte der Schwarzen, für Flüchtlinge, Behinderte usw. ein, gehen dabei aber ganz selbstverständlich davon aus, daß Kinder ihren Eltern »gehören«. Auch wenn man diese Eltern-Kind-Zugehörigkeit auf eine säkularisierte Art heilig spricht, bleibt der Tatbestand, daß Kinder qua Geburt »Leibeigene« ihrer Eltern sind. Wenig Phantasie ist notwendig, um sich auszumalen, wie spätere Generationen sich die Augen reiben könnten über so viel Doppelmoral: Die Sklaverei wurde abgeschafft, aber die private Fürsorglichkeitssklaverei der Kinder durch die Eltern wird politisch, rechtlich und moralisch gehätschelt, mehr noch: kaum bemerkt.

Die Ausnahme ist Schweden. »In Schweden gelten Kinder als vollgültige Bürger und zugleich als wehrlose Individuen, die in gewisser Weise genauso schutzbedürftig sind wie andere Minderheiten (Lappen, Einwanderer usw.) [...] Seit 1973 gibt es einen Ombudsmann für Kinder, der die Rolle eines ›Anwalts‹ der Kinder spielt und die Aufgabe hat, die öffentliche Meinung für die Bedürfnisse und Rechte von Kindern zu sensibilisieren und über sie aufzuklären. Der Ombudsmann ist nicht berechtigt, in konkreten Fällen einzugreifen; doch kann er Druck auf Behörden und politische Repräsentanten ausüben, Aktionen vorschlagen, die geeignet sind, die Lage der Kinder zu verbessern, die Erwachsenen an ihre Verantwortung für Kinder erinnern und schließlich durch einen telefonischen Bereitschaftsdienst Kindern in Not mit Rat und Hilfe zur Seite stehen. Wie man sieht, erkennt die schwedische Gesellschaft den Kindern (in demselben Sinne wie einst den Frauen, den Einwanderern, jeder Minderheit) besondere Rechte zu; es gibt eine spezielle Institution, die über die Beachtung dieser

Rechte wacht; das Fernziel ist die möglichst harmonische Integration des Kindes in die Gesellschaft und die Achtung seiner Individualität.«[15]

Das Kind erhält nicht nur seinen eigenen Raum (s. o.), sein eigenes (Taschen-)Geld, es wird auch als Subjekt seines eigenen Lebens öffentlich gefordert und gefördert. So wird beispielsweise in der schwedischen Gesellschaft das Recht des Kindes, den Namen seines (biologischen) Vaters zu erfahren – bei unehelichen Geburten, Adoptionen, neuerdings aber auch bei künstlichen Befruchtungen – mit einer gewissen Rücksichtslosigkeit gegen alle Vorbehalte und Tabus durchgesetzt. Im Vordergrund steht das Recht des Kindes auf sein eigenes Leben. Man glaubt zu wissen, daß zu seinem Wohlbefinden auch die Erinnerung der eigenen Herkunft gehört.

Bei Scheidung der Eltern wird analog verfahren: Dem Kind wird – nach Maßgabe seines Alters und seines Entwicklungsstandes – das Recht zugestanden, in eigener Regie zu handeln. »Dieser Grundsatz gilt insbesondere bei Streitigkeiten nach einer Ehescheidung. Das Kind muß daher Parteienstatus in allen Verfahren haben, die seine Obhut und das Besuchs- und Aufenthaltsrecht betreffen; ferner muß es einen Rechtsbeistand hinzuziehen können. Im Verfahren kann es durch einen vom Gericht bestellten Bevollmächtigten entscheiden, bei welchem Elternteil es bleiben will, auch wenn seine Entscheidung einer gütlichen Einigung der Eltern widerspricht [...] Das Kind hat also denselben Anspruch darauf, gehört und verteidigt zu werden, wie jeder andere Bürger.« (ebd., 496)

Auffällig ist, daß als Anwalt des Kindes der Staat auftritt. Die Rechte des Kindes auf ein selbstbestimmtes Leben werden sogar notfalls *gegen* die Eltern durchgesetzt. Der Schutz der Privatheit wird hier teilweise umgekehrt: Um die Persönlichkeitsrechte des Kindes zu gewährleisten, greift der Staat in die Privatsphäre ein, erzwingt Informationen, fordert oder schafft die »gläserne Familie«. Die Gleichberechtigung des Kindes kollidiert durchaus mit dem Schutz der Familie und erfordert, ermöglicht bis zu einem gewissen Grade eine Entprivatisierung der Privatheit. Auch in anderen westlichen Staaten, insbesondere den USA, gibt es ähnliche Ansätze.

Jugendsoziologische Studien der letzten zehn Jahre zeigen, daß auch ohne staatlichen Zugriff, ohne öffentliche Transparenz der Familie die Form des eigenen Lebens sich gleichsam im Selbstlauf hinter den Wänden der Privatheit als zeitsignifikante Lebensform Jugendlicher durchgesetzt hat. Vor dem Hintergrund einer großen empirischen Untersuchung (»Jugend '81«) schreibt Werner Fuchs: »Jugend als Vorbereitung zum Erwachsenendasein wird überlagert und durchsetzt von Formen, mindestens Möglichkeiten eines Lebens aus eigener Verantwortung und eigenem Recht. Der Lebensabschnitt, der der Herausbildung der Individualität dient, enthält zunehmend Handlungsräume und Handlungsaufforderungen, die Individualität voraussetzen. Das Lebensalter, das der Vorbereitung auf individuelle Lebensführung dient, wird selbst individualisiert. Die Statuspassage nimmt Züge einer Jugend*biographie* an.«[16]

Das bedeutet erstens: Es gibt keine Ziele, Gewißheiten mehr, die den Jugendlichen »eingeimpft« werden könnten. Entsprechend werden die Vorgaben der Jugendphase unscharf und widersprüchlich. Was anders herum heißt: Die Ziele werden »individualisiert« – zurückverlagert auf den Zukunftsentwurf der Jugendlichen selbst. Da Regeln und Normalitätsstandards nicht mehr transportiert, schon gar nicht oktroyiert werden können, wird nun umgekehrt die persönliche Folie des eigenen Lebens ins Große der gesellschaftlichen »Zielsetzung« projiziert. Öffentliches Achselzucken, Ratlosigkeit werden in die Auf-

---

[15] K. Orfali, Modell der Transparenz: die schwedische Gesellschaft, in: Ariès / Duby (Hg.), a. a. O., S. 494.

forderung verwandelt, das Vakuum im kleinen eigenen und im großen Leben der Gesellschaft selbsttätig aufzufüllen.

Wenn die Anzeichen nicht trügen, läßt sich diese Gesellschaft nicht mehr »moralisch-geistig führen«, *weil* und insofern sie *individualisiert* ist. Denn mit der Ausbreitung des eigenen als Normalform des Lebens verlagert sich die moralische Autorität auf die Individuen zurück. Nicht keine Moral ist die Konsequenz, sondern der Entwurf und die Rechtfertigung der Moral aus dem Grund und mit den Gründen der Individuen sowie das Suchen nach dieser neuen Form der Moral. Letztlich ist es diese *Demokratisierung* von Moral, die so irritierend wirkt (dazu weiter unten).

Zweitens: Die Jugendlichen *werden* nicht nur individualisiert. Sie individualisieren *sich selbst*. »Biographisierung« der Jugend meint Aktivwerden, Erringen, Selbstgestalten des eigenen Lebens.

Das eigene Leben wird zum alltäglichen Handlungs-, Inszenierungs-, Selbstdarstellungsproblem. Es wird zäh abgetrotzt, wölfisch verteidigt und clever gesichert gegen alle Übergriffe der Erwachsenen, die immer noch nicht wissen, wo es lang geht. Das heißt: Individualisierung wird *als* Individualisierung zum Thema und Konflikt der Jugendlichen. Sie wird selbstverständlich, vielleicht zum Kern ihres Selbstbildes. Die Jugendlichen sind Avantgardisten des eigenen Lebens. Sie wissen, wie man es tunneln, ausbauen und gegen Kontrollen und Einstürze absichern muß.

Diese Diagnose besagt letztlich: Sozialisation ist nur noch als *Selbst*sozialisation möglich. Das von innen her nach außen abgefederte eigene Leben ist an die Stelle der väterlichen, mütterlichen Autorität oder der von Gouvernanten, Lehrern, Polizisten, Politikern getreten. Im Innenraum regieren sehr wohl gesellschaftliche Instanzen – die Gleichaltrigengruppe, das Fernsehen, die Werbung usw. –, aber eben nicht die klassisch funktionalistischen Autoritäten und Ziele.

Die Individualisierung der Jugend hat ein freundliches, gleichgültiges, konsumistisches, hedonistisches, aggressives, verzweifeltes und verzagtes Gesicht, aber auch ein gewalttätiges, dem Gewalt um ihrer selbst willen zum letzten Beweis wird dafür, daß überhaupt etwas ist und nicht nichts.

So ist es zu verstehen, daß »die Lebenswelt der Jugendlichen sichtbar und unausweichlich zu einer Kampfarena rivalisierender Sinnwelten« (ebd., 358) wird. Die »einheitliche kollektive Statuspassage Jugend zerfällt«.[17] Die unterschiedlichen, oft außerordentlich verschiedenartigen Bedeutungs- und Erfahrungswelten Jugendlicher – Schule, Fernsehen, Werbung, die Werte und Symbole der gewählten Jugendgruppe, die strikten Leistungsnormen der Arbeitswelt, der Verkehrsdschungel (eigenes Auto!), nicht zu vergessen die wohlmeinende Leere (Lehre) des Elternhauses – zwingen Jugendliche, sich als Bastler ihrer selbst zu verstehen und zu organisieren.

»Die« Jugend als Normalform gibt es ebenso wenig, wie Jugendliche von sich selbst ein festes Bild haben. Identität ist nicht als abschließbares Projekt zu betreiben, sondern wird zu einer Art *Suchhabitus*, der nie endet, weder enden kann noch enden soll. Das eigene Leben, gerade des Jugendlichen, ist das *experimentelle* Leben, das Leben auf Probe. Das schließt die Identität ein – das

16 W. Fuchs, Jugendliche Statuspassage oder individualisierte Jugendbiographie, in: Soziale Welt, 1983, S. 341.

17 T. Olk, Jugend und gesellschaftliche Differenzierung, in: Zeitschrift für Pädagogik, 1985, Beiheft, S. 294.

»Recherchen-Ich« (Dieter Baacke) –, das die Selbstvergewisserung auf Dauer stellt, manchmal sogar bis zur Alltagspathologie der therapeutischen Gesellschaft betreibt.

Wer daraus den Schluß zieht, daß Jugend heute eine brodelnde Vielfalt ist, übersieht den zentralen Gegengesichtspunkt: *Standardisierung*. Jugendliche, argumentiert Heinz Abels, haben keine Scheu, normal zu sein. Das ist sogar, wenn man es auf das gängige Durcheinander bezieht, eine Vorliebe für die Abweichung. Wenn Abweichung normal wird, wird die Wahl der Normalität schon zur Vorform des Protestes. Auch liegt dem ein gerade in der individualisierten Gesellschaft gewecktes Interesse an Ritualisierung zugrunde, die es am Ende ermöglicht, wie Jesus über den Wassern der unendlichen Komplexität zu schreiten. Das setzt alles *Selbstnormalisierung* voraus, »individuelle Konstruktionen einer normalen Biographie«.[18] Diese individuellen Normalitätskonstruktionen lösen den Widerspruch auf »zwischen dem individuellen Anspruch, unverwechselbar zu sein, und dem dunklen Gefühl, daß die Einzigartigkeit mit den ›Bausätzen‹ dieser Moderne konstruiert wird« (ebd.).

Zur Illustration eine Szene von Milan Kundera: Zwei junge Menschen in den Wirren ihrer Geschlechtlichkeit sind gar nicht in der Lage, ihren – »authentischen« – Gefühlen nachzugeben. In dem Stimmengewirr, das sie darstellen, handeln sie *wie* in einem Film. Der Junge *lebt* ein pornographisches Skript, das er gesehen hat. Er nimmt sozusagen den Film aus dem Regal und spult ihn ab, spielt ihn nach. Er sieht sich selbst in doppelter Regie: als Kopie und Akteur der Kopie, die er wählt und ist.

Rituale handeln Jugendliche in ihrer Gruppe aus. Was normal ist, wie man sich verhält, was man glaubt, bezweifelt, ablehnt, was gut, schön, nichtig oder richtig – also »in« – ist, wird (mit Versatzstücken aus der Welt des Fernsehens und des Konsums) im Binnenraum der Gleichaltrigen festgelegt und im

Konflikt gegeneinander eingeübt. Die »Hahnenkämpfe« der Lebensstilgruppen, die sich oft mit haarfeinen, nach außen hin fast unkenntlichen Symboliken und Accessoires abgrenzen und befehden, erzeugen den äußeren Druck für die innere Rigidität und Dogmatik, die für diese Teilung und Einteilung der Welten Jugendlicher heute oft charakteristisch zu sein scheinen. Auch erklärt dies, »warum Jugendliche in einem bestimmten Alter für jedwedes Argument von außen taub sind« (ebd., 551).

Welche Folgen ergeben sich daraus für das *Verhältnis der Generationen* zueinander? Bernhard Shaw hat einmal gesagt: »Alte Menschen sind gefährlich, denn ihnen ist die Zukunft gänzlich gleich.« Dieses Wort könnte man abwandeln und umdrehen: Junge Menschen sind gefährlich, denn sie *sind* die Zukunft. In dem Maße, in dem Zukunft nicht aus Herkunft verstanden und bewältigt werden kann, wächst die Macht der Jugend. Diese hat mit der Andersartigkeit der Zukunft deren Definitionsfäden in der Hand. Dies gilt auch und gerade dort, wo die Zukunft durch Widersprüche verstopft erscheint (beispielsweise durch den Widerspruch zwischen Notwendigkeit und Unmöglichkeit eines ökologischen Umbaus der Industriegesellschaft).

Die Rede von der Zukunftslosigkeit und Zukunftsangst Jugendlicher stellt diesen Gedanken nicht wirklich in Frage, beleuchtet ihn nur von der Gegenseite her. Weil die Zukunft widersprüchlich ist, entgleitet sie den Er-

[18] H.Abels, Jugend in der Moderne, Opladen 1993, S.546.

wachsenen und wächst als Macht, als Entscheidungs- und Definitionsmacht den Jugendlichen zu.

Muster und Medien des Generationenkonflikts und -kompromisses sind zeittypisch vorgegeben: Absprache und Verhandlung. Alles muß gerechtfertigt und vereinbart werden. »An die Stelle der großen Zusammenstöße zwischen Eltern und Jugendlichen ist ein wortreiches, fast spielerisches Austesten von Grenzen getreten, bei dem die Jugendlichen das Tempo bestimmen.« Abels spricht von einer »*distanzierten Verständigung* über Lebensstile und Lebensziele« (ebd., 549) als der Kompromißform in den »Tarifverhandlungen« der Generationen. Auf diese Weise können beide Seiten ihr Gesicht bewahren *und* ihrer Wege gehen. Doch das ist wahrscheinlich zu milde gesehen und gesagt. *Reflexive Ignoranz*, bestenfalls tolerante Gleichgültigkeit, erscheint treffender für den herrschenden wechselseitigen Waffenstillstand der Ichlinge.

Jede Seite führt mit dem Freifahrschein der anderen ihr eigenes Leben. Verständigung wird ausgespart. Die Prinzipien oder Gründe (Abgründe) der Entscheidungen werden der je anderen Seite halb im Vertrauen, halb im Mißtrauen zugestanden. Über das »Idiotische« der jeweils anderen wird über die Gräben hinweg Stillschweigen bewahrt. Nach innen hingegen wird getuschelt, gerätselt und gelästert, was die »Alten«, was die »Jungen« für eine abwegige Normalität im Hirn haben.

Das wechselseitige Zugeständnis des »eigenen Raumes«, des »eigenen Lebens«, entspringt einer *Konfliktökonomie*: Den jeweils anderen machen zu lassen, was er will, ist letztlich billiger, effektiver. Die Erwachsenen erkaufen sich so ihre eigene Freiheit, ihr eigenes Leben. Wer seinem Nachwuchs dasselbe gönnt, erspart sich die Peinlichkeit – und Vergeblichkeit! – des Besserwissens und autoritären Aufplusterns. Richtungskompetenz ist nirgendwo in Sicht. So ermöglicht der

Wohlstand im Nachkriegsdeutschland-West den labilen Generationskonflikt einer *reflexiven Ignoranz der eigenen Leben*.

Jeder lebt in ritualisierter Minimalbesorgnis für den oder die anderen *sein* Leben. Für Gemeinsamkeit ist das Schwarze Brett da. Hier kann auch in mobiler Abwesenheit das »Wesentliche« stumm gesagt werden. Die Jugendlichen aber wissen, daß sie im biologischen Vorrecht die Zukunft besitzen. Sie sind die »unruhigen Stifter der Moderne«.

Geisterbahnhof Universität

Ulrich Beck

Die Universität droht an ihren Widersprüchen zu ersticken. Die Studenten müssen sich als Opfer eines großangelegten Verwirrspiels sehen, das entweder »das System« oder die Erwachsenheit angezettelt hat, wobei drei Motive in Frage kommen: entweder experimenteller Sadismus, um die Schmerzgrenze auszutesten; oder ein neuartiger Initiationsritus; danach geht es gar nicht um Lehren und Lernen, sondern darum, die Widerstandsfähigkeit angesichts eines bestimmten Quantums an Widersprüchen zu ermitteln; wer überlebt, ist elitefähig. Denkbar wäre auch, daß das Ganze nur Ausdruck einer total verkalkten Erwachsenenwelt ist, die sich nur noch durch radikale Wirklichkeitsverleugnung an der Macht zu halten vermag.

Worum geht es? Jemand kommt an eine Universität, um später einen bestimmten Beruf zu ergreifen. Der springende Punkt: Es gibt zu jedem Rat einen Gegenrat, und beide haben recht. Der Satz des ausgeschlossenen Dritten hat praktisch an seinem Ursprungsort, der Universität, keine Geltung mehr. Studiere breit, heißt es, denn Fachidioten will niemand. Nein, Spezialisierung ist notwendig, um in der verschärften Konkurrenz überhaupt noch einen Zipfel beruflicher Zukunft zu ergattern. Bitte den Beruf vergessen, sagen andere, denn wer arbeitsplatzbezogen studiert, riskiert, daß nach Abschluß des Studiums seine Berufsaussichten einer neuen Technikgeneration zum Opfer gefallen sind. Gerade »zukunftssichere« Modeberufe – wie Informatik, Mikroelektronik, Programmieren – tragen diesen Keim der Selbstaufhebung in sich. Der Ausweg: Bitte Bildung als Selbstwert begreifen! Aber ist das nicht die Vorform freiwilliger Arbeitslosigkeit? Und wie soll das gelingen bei Studiengängen, die bürokratisch stranguliert auf Berufsziele zugeschnitten sind, welche mit zunehmender Arbeitslosigkeit immer irrealer werden? Du hast keine Chance, also nutze sie!

In den Universitäten schaukelt sich ein »meritokratischer Teufelskreis« auf. Alle stürmen in die höheren Bildungseinrichtungen und -abschlüsse, weil bislang die Maxime galt, je höher die Bildung, desto besser die Berufschancen. Mit dem Doppeleffekt, daß die Hochschulen buchstäblich verstopft und die Bildungszertifikate immer mehr entwertet werden. Deshalb wird in einer nächsten Spirale der Gang in die Hochschulen zugleich *noch* notwendiger und *noch* weniger hinreichend sein, um eine aussichtsreiche Berufsposition zu erringen.

Es ist wichtig, über den Tellerrand der Hochschulen hinauszuschauen. Die eigentliche Misere zeigt sich am untersten Ende der Ausbildungshierarchie: in der Hauptschule, insbesondere in den Sonderschulen. Hier wird mehr und mehr ins berufliche Nichts

Søren Dettmer

ausgebildet. Angesichts der Entwicklung der Bildungsabschlüsse verdrängen die Abiturienten und Realschüler die Hauptschüler aus ihren traditionellen Berufszugängen. Die Hauptschule droht zur Ghettomauer zu werden, hinter der die unteren Statusgruppen auf die Dauerexistenz der Erwerbslosigkeit (bzw. Fürsorge, Sozialhilfe) festgeschrieben werden. Dafür ist der Ausdruck »Klasse« zu harmlos. Denn diese zugewiesene Zukunftslosigkeit trotz Bildungsanstrengungen ist eine Brutstätte für »molekulare Gewalt« (Enzensberger), die nichts mehr bezweckt als die Lust an sich selbst, die Selbstzerstörung eingeschlossen.

Vor dieser wahrhaft kafkaesken Situation relativieren sich die Paradoxien der zweifellos privilegierten Universität; doch auch hier nisten sich die Gespenster der Arbeitslosigkeit in Fachbereichen ein, für die bislang »arbeitslos« schlechthin ein Fremdwort war. Mit nur wenig Übertreibung kann man sagen, daß angesichts beruflicher Zukunftslosigkeit auch die Universität mehr und mehr einem Geisterbahnhof gleicht, von dem kaum noch Züge abfahren. Dennoch drängen immer mehr in die Wartesäle, und alles läuft nach den alten Mustern ab. Wer verreisen will – und wer will schon zu Hause bleiben, wo das Zuhausebleiben Zukunftslosigkeit bedeutet –, muß sich in irgendwelche Warteschlangen vor den Schaltern einreihen, an denen Fahrscheine für Züge ausgegeben werden, die meist sowieso überfüllt sind oder gar nicht mehr verkehren. Die Bildungsbeamten verteilen hinter ihren Fahrkartenschaltern mit wachsendem bürokratischen Aufwand Fahrkarten ins Nirgendwo und halten die sich vor ihnen bildenden Menschenschlangen mit der Drohung in Schach: Ohne Fahrkarten werdet ihr nie mit dem Zug fahren können! Und das Schlimmste ist: Sie haben auch noch recht!

Diese Entwicklung ist nicht Schicksal. Sie ist einer antiquierten Berufsorientierung des Bildungssystems einschließlich der Universitäten geschuldet. Seit den siebziger Jahren läuft die konsequent am Bedarf ausgerichtete Arbeitsmarktforschung auf eine (nur auf den ersten Blick paradoxe) Bestätigung des Humboldtschen Bildungsideals hinaus: Die berufliche Zukunft gehört den Spezialisten für den Zusammenhang. Die rasch wechselnden und niemals vorauszusehenden Arbeitsplatzanforderungen in den Betrieben und Dienstleistungsorganisationen müssen demgegenüber von einem *Weiter*bildungssystem aufgenommen und befriedigt werden. Das ist einer jener unterentwickelten Bereiche in unserer hochentwickelten Gesellschaft. Das allgemeine Bildungssystem, einschließlich der Universität, muß, zeitlich gedacht, solange wie möglich entspezialisiert werden. Diese Entberuflichung der Ausbildung schafft den dringend benötigten Freiraum, um die Eigenständigkeit, den Selbstwert, den *Hedonismus* der Bildung neu zu erproben und zu erfahren. Der Beruf wäre hier ein Ziel unter anderen. Neben der Einübung in Demokratie, die – wie der Rechtsradikalismus zeigt – offenbar immer wieder verteidigt, erworben werden muß, gilt es, den Umgang mit Unsicherheit als Chance zu begreifen.

Traditionale und institutionelle Formen der Angst- und Unsicherheitsbewältigung in Familie, Ehe, Geschlechtsrollen, Klassenbewußtsein und darauf bezogene politische Parteien und Kirchen verlieren an Bedeutung. In gleichem Maße wird die Bewältigung der Angst den Individuen abverlangt. Aus diesen wachsenden Zwängen zur Selbstverarbeitung von Unsicherheit entstehen neue Anforderungen an die gesellschaftlichen Institutionen in Ausbildung, Therapie und Politik. In der Risikogesellschaft werden derart der Umgang mit Angst und Unsicherheit biographisch und politisch zu einer zivilisatorischen Schlüssel-

qualifikation und die Ausbildung der damit angesprochenen Fähigkeiten zu einem wesentlichen Auftrag, auch der Universität.

Lernen und Lehren für die Unsicherheiten des eigenen und zugleich globalen Lebens entspricht nicht nur dem Zuschnitt der Biographien. Selbstbestimmung ist nicht nur eine Vorliebe einzelner. Was Institutionen und Organisationen *nicht* bewältigen, bricht via »Selbstbestimmung« über die Individuen herein. Entsprechend wachsen auf allen Lebensstufen die Anforderungen, Selbstbestimmung zu ermöglichen, Hilfen zur Selbsthilfe anzubieten. Das reicht vom Kindergarten bis zur Altenbetreuung.

Wenn niemand weiter weiß, fällt allen »Selbsttätigkeit« ein. Dies ist der Refrain auf alle Strophen des zivilisatorischen Klageliedes. Überall wachsen die Herausforderungen an »Selbstbestimmung des mündigen Bürgers« dadurch, daß es gelingt, die Lebensführung, Gesundheit und Krankheit und bald auch die Eigenschaften der Nachkommen (dort Fortpflanzungsmedizin und Humangenetik) disponibel zu machen. Wie werden die Menschen mit diesen Lawinen von Entscheidungen, für die guter Rat nicht nur teuer ist, sondern fehlt, umgehen? Wird dann die Flucht in die Einfachheit einsetzen? Wird man das »System«, das unaufhaltsam diese Wahlmöglichkeiten produziert, abwählen? Oder zertrümmern? Niemand weiß das.

Es ist ein Irrtum zu glauben, daß die notwendigen Hilfen schließlich egalisierend wirken werden. Im Gegenteil werden sich hier neue Quellen sozialer Ungleichheit auftun, nämlich zwischen denjenigen, die über genügend kulturelle Kompetenzen verfügen, um ein eigenes Leben zu führen, und denen, die dazu kaum in der Lage sind. Diese ungleichen Verteilungen in den kulturellen Schlüsselqualifikationen werden den Hintergrund bilden für mannigfaltige, tendenziell aber fundamentalistische Bewegungen. Szenen, Milieus, Gemeinschaft – auch religiöser, esoterischer Art. Alle diese werden mit tausend Stimmen

Barbara Häusler und
Christoph Wingender

locken: Spring ab vom Entscheidungskarussell der Moderne! Verlaß den Irrweg der Selbstsuche und Selbstverwirklichung! Glaube, glaube, glaube! Das Glück liegt in der Hinnahme des Unvermeidlichen (und was unvermeidlich ist, diktiere ich!).

Hier liegen zweifellos die Zukunftsaufgaben der Bildungspolitik. Dabei drängt das Zeitproblem hervor: Eine Forderung nach Umdenken und Umsteuern ist leicht und schnell zu erheben; sehr viel länger dauert es schon, bis daraus Programme geschmiedet, und noch einmal länger, bis diese in den Mühlen der Bürokratie ins Erziehungssystem, ins System der Lehrerausbildung usw. eingeschleust sind – von der Zeit, die bis zur Ausbildung, hoppla, *Selbst*bildung entsprechender Fähigkeiten und Orientierungen verstreicht, einmal ganz abgesehen. Da müßte man schon den Atem haben, in Generationen zu denken.

Dazu kommt: Gegensätze in Grunderfahrungen blockieren auf allen Ebenen den Prozeß. Die Wirrnisse des eigenen Lebens sind Altlehrern vielleicht noch ein Buch mit sieben Siegeln, während nachwachsende Junglehrer sich langweilen, das Selbstverständliche zu lernen und zu lehren. Vielleicht muß daher auch einmal der direkte Umweg als Abkürzung gewählt werden: Die Schwiegermutter lernt von der Schwiegertochter qua Herzausschütten, Klatsch und Tratsch, wie komplex das Mehrere-eigene-Lebenleben ist; der Seminarleiter wird von den Studenten darüber aufgeklärt usw. usf.

Eigenes Leben im Sozialismus – oder die Kunst des Informellen

Ulrich Beck

Die Wendung »Der Zusammenbruch des Ostblocks hat ...« passiert mit gleicher Selbstverständlichkeit die Lippen wie »Heute ist das Wetter schlecht« oder »Wie geht es Ihnen?«. Der Aufruhr, den der Fall der Berliner Mauer einen historischen Moment lang nicht nur für die Politik, sondern auch für das Denken darstellte, ist noch schneller als erwartbar unter hastig nachgedichteten, zementierten Routinen begraben worden. Warum – das ist doch die Schlüsselfrage, die für alle Schnellerklärungen das Aus bedeutet – bricht ein bis in die Betriebe hinein militarisiertes System, das 40 Jahre mit allen Machtmitteln die Individuen bis in ihr Selbstverständnis hinein besetzt gehalten und zur freiwilligen Konformität angestachelt hat, auf einen Schlag zusammen, wenn diese Individuen die Gitterstäbe ihrer Angst übersteigen und Demokratie, das mißhandelte zweite »D« der DDR, einklagen?

Wer auf dem Boden herrschender sozialwissenschaftlicher Theorien steht, muß gegenüber dieser – wie in besten DDR-Zeiten in Gänsefüßchen zu setzenden – »Wirklichkeit« geltend machen: Es gibt keine Revolution, die aus dem Nichts der Organisationslosigkeit, der erzeugten, bespitzelten Konformität, ohne Machtmittel, ja sogar ohne Telephon und Kopiergerät, allein durch die Versammlung auf einem Platz die Machthabenden zur Selbstanklage, Selbstreform, Selbstpreisgabe zwingt, nicht in zehn, nicht in zwei Jahren, nicht innerhalb weniger Tage und Wochen. Das ist – bei allem Respekt vor der Wirklichkeit – ein pures Märchen, das diese uns da aufgetischt hat. Oder dem Umsturz der Verhältnisse folgt ein Umsturz des Denkens darüber nach.

Um was für einen Konflikt, um was für eine Gesellschaft handelt es sich, bei der jahrzehntelange Unterdrückung gewaltfrei umschlagen kann in die Selbstrevolution des Systems, die plötzlich auf den Flügeln von »unmöglich« und »ausgeschlossen« selbst den kühnsten Träumen ihrer Anstifter davonfliegt? Darüber beginnt die Debatte erst noch. Hier soll nur ein zentraler Gesichtspunkt geltend gemacht werden.

Auffällig ist der Aufstand der real existierenden Individuen gegen ein »System«, das sie angeblich bis in die Kapillaren des Alltags hinein beherrscht hat. Nicht nur die Planwirtschaft ist pleite. Auch die Systemtheorie, die Gesellschaft subjektunabhängig denkt, ist gründlich widerlegt worden. In der zustimmungslosen, geradezu legitimatorisch entkernten Gesellschaft kann offenbar bereits ein Windstoß, den der Ruf nach Freiheit verursacht, das Kartengehäuse der Macht zusammenbrechen lassen. Das Weiche – die Orientierungen, Zweifel, Hoffnungen und Hoffnungslosigkeiten, die Interessen, Meinungen und Ideen der Menschen – triumphiert über das Harte, die Organisation, Hierarchie, das Bewaffnete und Mächtige.

Unter dem Schock, den die Wiederkehr des Krieges in Europa und die offene Gewalt gegen »Fremde« in Deutschland ausgelöst haben, ist jetzt viel von der Macht der Gewalt die Rede, die Fakten schafft, die dann ihr eigenes Recht beanspruchen. Dabei wird aber leicht übersehen, daß gerade der gewaltfreie Zusammenbruch eines mit machiavellistischer Perfektion errichteten, militarisierten Großreiches wie der Sowjetunion bzw. des Ostblocks auch genau die Gegenlehre enthält: daß nämlich selbst der perfekteste staatliche Gewaltapparat im alles entscheidenden Moment gelähmt sein kann, weil der Einsatz seiner Gewaltmittel letztlich doch wieder an den dünnen Fäden der Zustimmung, der »*Meinung*« der Bevölkerung hängt.

Hannah Arendt hatte diesen Gedanken schon 1968 – im Blick auf den Aufstand des 17. Juni in Berlin und den Ungarn-Aufstand – als die Gegentheorie zu der von links bis rechts gängigen Auffassung formuliert, daß

Gewalt Macht erzeugt und begründet. In diesem Sinne schreibt der kritische Sozialwissenschaftler C. Wright Mills: »Alle Politik ist Kampf um Macht; aufs höchste gesteigerte Macht ist Gewalt«, und folgt damit Max Webers berühmter Definition vom Staat als »ein auf das Mittel der legitimen (das heißt: als legitim angesehenen) Gewaltsamkeit gestütztes Herrschaftsverhältnis von Menschen über Menschen«. Und Weber zitiert in diesem Zusammenhang ausdrücklich Trotzki, der schreibt: »Jeder Staat wird auf Gewalt gegründet«, und Weber fügt hinzu: »Das ist in der Tat richtig.«[19]

Gegen diese große Links-rechts-Koalition behauptet Hannah Arendt: Gewalt setzt Macht – Zustimmung – voraus. »Wo Befehlen nicht mehr gehorcht wird, sind Gewaltmittel zwecklos. Und für die Frage dieses ›Gehorsams‹, wo nämlich entschieden wird, ob überhaupt noch gehorcht werden soll, ist die Befehl-Gehorsam-Relation gänzlich irrelevant. Die Beantwortung dieser Frage hängt von nichts anderem als der ›Meinung‹ ab und natürlich der Zahl derer, die diese Meinung so oder anders teilen. Jetzt stellt sich auf einmal heraus, daß alles von der Macht abhängt, die hinter der Gewalt steht. Der plötzliche dramatische Machtzusammenbruch, wie er für Revolutionen charakteristisch ist, zeigt, wie sehr der sogenannte Gehorsam des Staatsbürgers – gegenüber den Gesetzen, den Institutionen, den Regierenden oder Herrschenden – eine Sache der *öffentlichen Meinung* ist, nämlich der Manifestation von positiver Unterstützung und allgemeiner Zustimmung« (ebd.).

Man könnte diese Abhängigkeit auch des perfektesten Staatsapparates von der allgemeinen Zustimmung in Umkehrung der Staatstheorie von Carl Schmitt als das Prinzip der *Unsouveränität des Souveräns in der Entscheidung über den Ausnahmezustand* fassen. Neben allen anderen Einwänden gründet sich das Politische nämlich gerade nicht, wie Schmitt behauptet, auf den Möglichkeiten der

[19] Alle Zitate nach H.Arendt, Macht und Gewalt, München 1970, S. 36.

staatlichen Machthaber, auf Gewaltmittel zurückzugreifen, um die Entgegensetzung von Freund und Feind in die Tat umzusetzen. Die Entscheidung über den Ausnahmezustand ist vielmehr vorgängig an die unterstellte Folgsamkeit rückgebunden. Diese mag historisch im allgemeinen als gegeben oder leicht aktivierbar gegolten haben und insofern vernachlässigbar erschienen sein, sie wird aber mit fortschreitender Moderne durchaus fragwürdig und hängt in der Fernseh- und Zustimmungsdemokratie nun wahrhaftig am seidenen Faden der öffentlichen Meinung. Selbst aber in »sozialistischen« Diktaturen wie der DDR kann der Einsatz brutaler Gewaltmittel offenbar durch einen versteckten *demokratischen Reflex* im entscheidenden Moment blockiert werden. Wie der »Fall« (im doppelten Wortsinn) der DDR ebenfalls lehrt, können selbst preußisch-sozialistisch organisierter Drill, eine Tag-und-Nacht-Propaganda und -Bespitzelung diesen plötzlich hervortretenden Zustimmungs- und Machtzerfall nicht aufhalten oder konterkarieren. Viele Anzeichen sprechen sogar genau umgekehrt dafür, daß eben diese Dauer-Ernstfall-Impfung auch kontraproduktiv war. Am Schluß glaubte niemand, selbst die Propagandisten nicht, an das Geplapper der Propaganda, die sie verkündeten.

In jedem Fall ist die Frage, wie es zu dieser unfreiwilligen »zivilen Beißhemmung« in einem hochmilitarisierten System gekommen ist, bemerkenswert und untersuchenswert, speziell in einem Land wie Deutschland, in dem die Bevölkerung zweimal in diesem Jahrhundert, teilweise unter Jubel bis ins liberale Bürgertum, bis in die wissenschaftliche und künstlerische Intelligenz hinein, mit fliegenden Fahnen Europa und die Welt mit Kriegen überzogen hat. Wie also ist diese »Feind-Seligkeit« in der DDR trotz laufender

Propagandamotoren, trotz allgegenwärtiger Stasi gebrochen worden?

Auf diese Frage sind viele Antworten möglich. Ich möchte in diesem Zusammenhang eine erproben und in zwei Thesen erläutern:

Erstens die These von der *unfreiwilligen Zivilisierung* durch Individualisierung einer Gesellschaft: Die Ausbreitung des eigenen Lebens hebt – zu Ende gedacht – die kulturelle Ernstfallbereitschaft auf.

Zweitens die These von der *doppelten DDR*: Hinter den Fassaden der zentralisierten Zuständigkeitshierarchie haben sich überall Nischen des eigenen Lebens (Denkens und Handelns) gebildet – die Kunst des Informellen.

Der Feind des Feindbildes sind die Existenzformen des eigenen Lebens. Es gibt wohl kaum einen radikaleren Gegensatz als die Zuspitzung des Freund-Feind-Gegensatzes einerseits und die moderne Alltagswelt des eigenen (Ambivalenz-)Lebens andererseits. Dort herrscht das Entweder-oder, hier das Und.

Es ist kein Wunder, daß in Ohren, die den Ich-Verzicht, die Ich-Verteufelung des Nationalsozialismus mit der Einschwörung in das »Gemeinwohl« eingeübt haben, diese Formel bis heute tiefe Irritationen weckt. Auch »ich habe den Zusammenbruch eines Systems der Unfreiheit erlebt«, sagt Theo Sommer mit Blick auf die Erfahrungen der Bürger in der DDR. »Ich bin in Schulen aufgewachsen, in denen auf der einen Wand des Klassenzimmers stand: ›Es ist nicht notwendig, daß ich lebe, wohl aber, daß ich meine Pflicht tue‹ und an der anderen Wand: ›Du bist nichts, Dein Volk ist alles‹. Wenn man nach nebenan ging, stand da zu lesen: ›Gemeinnutz geht vor Eigennutz‹. Gegen all diese Begriffe bin ich seitdem allergisch.«

Die Bejahung des eigenen Lebens muß keineswegs mit pazifistischer Gesinnung einhergehen. Aber es herrscht »zivile Gleichgültigkeit« gegenüber Fremden (Erving Goffman). Der Großstädter erlebt Hautfarben und kulturelle Gegensätze der Welt vor der eigenen Haustüre. Das eigene Leben ist das globale und das widersprüchliche Leben, das ausgehalten, ausbalanciert werden muß.

Es entsteht ein Vielengagement, das die klassischen Pole des politischen Spektrums mischt, kombiniert, so daß jede(r) – zu Ende gedacht – zugleich links *und* rechts, radikal *und* konservativ, kapitalistisch *und* antikapitalistisch, demokratisch *und* undemokratisch, bürgerlich *und* antibürgerlich, ausgeflippt *und* karrieregeil denkt und handelt. Fast jede(r) ist Pessimist, Passivist, Idealist, Aktivist, Nationalist, Pazifist, Transzendentalist und opportunistischer Realist in verschiedenen Winkeln seines Selbst.

An die Stelle des Gleichgewichts des Schreckens tritt so das *Gleichgewicht der Nörgler* – alle sind uneins mit allem und allen. Nicht der ewige Frieden, sondern der *ewige Streit* hebt die kulturelle Ernstfallbereitschaft auf. Mit fortschreitender Individualisierung könnte so zum ersten Mal in der Geschichte der Satz wahr werden: Staaten, die bellen, beißen nicht.

Die DDR ist diesem schönen Satz zum Opfer gefallen. Sie war erfüllt von Gesinnungsmilitarismus und ist doch zerfallen an ihrem unfreiwilligen Pazifismus der Tat. Das ist beispiellos. Mehr kann man über einen Unrechtsstaat nicht sagen. Das ist kein Verdienst der kommunistischen Partei, sondern der Menschen.

Die alte Bundesrepublik ist eine *geschenkte* Demokratie. Die Gesetzestafeln politischer Selbstbestimmung wurden nach dem Zweiten Weltkrieg von den Alliierten importiert, implementiert, inzwischen aktiv eingeübt, musterschülerhaft verinnerlicht. Die Bürgerinnen und Bürger der DDR aber haben zum

ersten Mal in der deutschen Geschichte die Demokratie in einer friedlichen Revolution selbsttätig erkämpft, erworben, sogar unter Bedingungen eines von außen betrachtet totalitären Regimes, das die leisesten Regungen eines Bürgerwiderstandes mit allen Mitteln unterdrückt hat. Wie ist dieser Widerspruch zu erklären? An der Beantwortung dieser Frage hängt die Würde der geschichtlichen Erinnerung an das Jahr 1989 und die politische Würde der DDR-Bürger in ihrer Erinnerung an ihre eigene Vergangenheit.

Auf die Frage: »Steht der Staatssozialismus der DDR nicht in jedem Fall für das Gegenteil aller denkbaren Individualisierungen?« antwortet der ostdeutsche Soziologe Wolfgang Engler mit einem klaren, überzeugenden Nein: »Man übertreibt nicht, wenn man sagt, daß Individualisierungsschübe [...] im Ost-Mitteleuropa des 20. Jahrhunderts in manchem dramatischer und nachhaltiger abliefen als im Westen. Wer ihnen nachspürt, begegnet einer staatssozialistischen Lebenswirklichkeit, die manche Überraschung bereithält und jeden, der sich noch überraschen läßt, einlädt, seine mitgebrachten Vorstellungen von ›Individualisierung‹ zu überprüfen.«[20]

Die DDR existierte danach zweifach, einmal wie sie von außen aussah und sich darstellte, mit den bekannten »Systemmerkmalen« – bürokratischer Zentralismus, Ein-Parteien-System, Nomenklatura, ausgebaute soziale Sicherheiten, Fehlen intermediärer Organisationen usw.; zum anderen als eine ins Informelle weggerutschte, abgetauchte Gesellschaft, in der Fassaden- und tatsächliche Handlungswirklichkeiten, nicht nur im verpönt zelebrierten Privaten, sondern auf allen Ebenen, allen Stationen der Gesellschaft sozusagen *konform abwichen*. Die DDR-Bevölkerung ist schrittchenweise *in* der DDR *aus* der DDR ausgetreten. Je größer die Widersprüche eines Systems, desto nachhaltiger die Freisetzung der Individuen. So ist mit dem Hervorbrechen der Widersprüche des Sozialismus eine *Schatten-DDR der Individu-*

---

[20] W. Engler, Individualisierung im Staatssozialismus, in: B. Schäfers (Hg.), Lebensverhältnisse und soziale Konflikte im neuen Europa, Frankfurt/M. 1993, S. 195.

en entstanden, die jenseits von Plan und Hierarchie in Netzwerken des eigenen Lebens (Denkens und Handelns) das Wie, Was und Wo des linientreu überhaupt nicht möglichen gesellschaftlichen Verkehrs ausgehandelt und diesen damit, eher schlecht als recht, überhaupt erst ermöglicht haben.

Dieses eigene Leben im Sozialismus aber war das »Nichts«, aus dem heraus der friedliche Zusammenbruch des hochmilitarisierten Systems erfolgte. Die Mehrheit der Menschen war auf konforme Weise weggetaucht, mußte zur Selbstbehauptung, ja zur Plansollerfüllung das Geschwätz von der Plansollerfüllung in die überall dafür bereitstehenden Abfalleimer für formelle Grundprinzipien werfen, verdeckt und unter Behauptung des Gegenteils versteht sich. Diese Zwangsdistanzierung hat den Machtapparat hohl und empfindlich werden lassen wie ein ausgeblasenes Ei, dessen Schalen (das hatte die Stasi zu Recht befürchtet!) bei der ersten Belastungsprobe implodiert sind.

Wolfgang Engler nimmt den Westler bei der Hand und führt ihn in das verschlungene Doppeldickicht der DDR-Individualisierung ein. Am Anfang stand das betreute Gefängnis, das Gehäuse sozialer Sicherheiten: Alphabetisierung und Urbanisierung, Bildungsexpansion, Arbeitsplatzgarantie, Daseinsvorsorge für Alte, Invaliden und Kinder, Liberalisierung des Scheidungsrechts, Frauenerwerbstätigkeit, Müttererwerbstätigkeit, Kinderhorte für berufstätige Mütter – alles dies und anderes mehr eröffnete in den abgesteckten inneren und äußeren Grenzen Freiräume. »Man schüttelte überkommene Zwänge, althergebrachte Autoritäten, im Himmel wie auf Erden, samt der von ihnen geheiligten Verhaltenstraditionen ab und bekam einen Vorgeschmack auf eine befreitere Art des Menschseins, der um so bitterer ausfiel, je

schneller und rabiater sich die neuen Machtinstanzen auf den leergeräumten Plätzen niederließen« (ebd.,186 f.).

Doch es blieb keineswegs bei diesen privaten Nischen des eigenen Lebens. Mit der »Entdemokratisierung des politischen Handelns« – der Entleerung und Entmachtung von Parlamenten, Parteien, Verbänden, Massenmedien – verlagerte sich das Aushandeln von Interessen hinter die Kulissen der Öffentlichkeit, auf immer kleinere Machtzirkel, »um zuletzt in eine vollständige Privatisierung des Politischen einzumünden«. Doch diese *Informalisierung der Macht*, in der sich Verhältnisse und Beziehungen, Recht und Moral, Allgemeines und Persönliches vermischen und vermengen, darf, so Engler, nicht nachträglich mit dem Ehrentitel »Individualisierung« beschönigt werden.

Anders stellt sich die »Entökonomisierung« der Wirtschaft dar, mit der sich die Individuen Spielräume bastelten. Im zwischenbetrieblichen Verkehr wurde teilweise sogar das Geld als Kommunikationsmedium abgeschafft. Um zu erreichen, was man erreichen wollte, war man überall genötigt, informell mit Naturalien zu tauschen und stille Abkommen auszuhandeln und sanktionsfähig zu machen. »Rechnen konnte, wieder von unten gesehen, wer sich auf die Kunst verstand, es allen recht zu machen. Jedem Dienstherrn die ihm gemäße und insofern ›stimmige‹ Version der Praxis zu präsentieren, ohne an dieser symbolischen Überproduktion selbst irre zu werden, galt unter Finanz- und Produktionsdirektoren als Inbegriff der Meisterschaft […] Nicht funktionale, wohl aber *Funktions-Individualisierung* wäre ein treffender Ausdruck für dieses Können.« (188 f.) Hier bildet sich eine Industriearbeiterschaft heran, die ihr Selbstbewußtsein aus dem überlegenen Umgang mit dem Informellen bezog. Anweisungen und Vorschriften, überhaupt alles Geregelte, wurden gering geschätzt, und *darauf* wurden die Maximen des eigenen Handelns oder Nichthandelns aufgebaut.

Auch aus den Folgen der »Entbürokratisie-rung« des administrativen Handelns ließen sich Nester informeller Macht zusammen-flicken. »Man handelte ›verdeckt‹, tat, was zu tun war, ohne das, was man tat, lauthals als Handlung darzustellen, geschweige denn sich als Urheber« derselben. »Entsprang Individu-alisierung zuvor dem Triumpf der Person über die Funktion, so fließt sie hier aus einer ande-ren, nicht minder ungewöhnlichen Quelle: der Ideologisierung der Funktionen und ihrer Grundlage, des Rechts [...] Namenlos bleiben, sein Gesicht ›verlieren‹, nicht passiv, sondern methodisch, wie Brechts ›Heilige Johanna‹ bei ihrem Gang durch die Schlachthöfe, *Indi-vidualisierung von Anonymität* mit einem Wort, hieß die Parole [...]« (ebd., 190f.).

Was hier entsteht, ist das Bild einer zwei-ten »Gänsefüßchen-Theorie« der DDR, in der durch die inneren Gänsefüßchen der fehlen-den Selbstanerkennung, die überall mitge-dacht und mitgehandelt wurde, verklausu-lierte Freiräume individuellen Denkens und Handelns entstanden, und zwar nicht nur im Privaten, sondern auch in den Zentralberei-chen des Apparates und der Wirtschaft.

Zum einen wird hier der Blick frei auf einen – allerdings kuriosen – Knoten im deutsch-deutschen Mißverständnis. Die Westler näm-lich sind Formalisten, Vorschriftsgläubige, Modellfetischisten; sie haben in ihrer System-seligkeit weitgehend den volkseigenen Fas-sadenbau der DDR für die DDR-Wirklichkeit gehalten und damit verkannt, daß die DDR schon des längeren am Tropf des Informellen hing.

Die Neu-Bürger Ost aber sind eingefleisch-te Bastler, Pfadfinder, Machtnutznießer des Informellen; darauf haben sie ihren Stolz auf-gebaut. Die meisten haben auf die eine oder andere Weise mehr oder weniger konform an ihrer Stelle das »System« besiegt. Durch den formalisierten Systemblick der Westler sehen sie sich nicht nur beleidigt – gelten sie doch als Marionetten, Stasi-Täter oder -Opfer, was

in der entsubjektivierenden, entpersönlichen-den Sicht schon fast auf dasselbe hinausläuft. Sie werden auch in ihrem künstlerischen Ehr-geiz, ihren Zentralfähigkeiten als Drahtseiltän-zer des Informellen verkannt. Entscheidend kommt hinzu: Nun werden sie mit dem West-Export eines überlegenen »Systems« kon-frontiert, das sie in der Erwartung seiner westlichen Exporteure allerdings nicht wieder mit Mut und Phantasie »austricksen«, son-dern buchstaben- und paragraphengetreu an- und ernstnehmen, gar ausführen sollen. Sie, die über alle Unter-, Ab- und Unarten von »Systemen« zu lachen und auf sich selbst als »Nischen-Dompteure« zu vertrauen gelernt haben, sollen bei Strafe des ökonomischen Untergangs zu Systemkonformisten, System-konvertiten aus-, weiter- und umgebildet wer-den und müssen sich als solche dann auch noch beschimpfen lassen. Siehe da, die stör-rischen Esel des Informellen buckeln dies wie gewohnt trickreich ab. Der Master aber greift zur Peitsche.

Zum anderen vollzieht sich, so ironisch ist die Geschichte, zu eben diesem Zeitpunkt sozusagen eine DDRisierung der BRD – in dem Sinne, daß diese nun ihrerseits ins Infor-melle wegrutscht: Individualisierung heißt *Informalisierung.* Die alten Eindeutigkeitska-tegorien verschwimmen durch die Flexibilisie-rung der Erwerbsarbeit, die Arbeit und Nicht-arbeit mischt, durch die Ermöglichung von Betriebsabschlüssen, die das Regelsystem gewerkschaftlicher Tarifautonomie zersplit-tern, durch Normalisierung von Scheidung und Wiederverheiratung, die die Zugehörig-keiten und Verwandtschaftsnetzwerke un-durchsichtig werden lassen, usw. usf. Die Westler klagen also von den Ostlern ein, was sie selbst dringend *ver*lernen müßten: ihren Formel- und Systemblick, ihre Vorschriftsse-ligkeit; und sie fluchen über die Fähigkeit der Ostler, die sie von diesen dringend *er*lernen müßten: die des Chaos-Bändigers, des Wi-derspruchs-Dompteurs, des Kleinkünstlers des Informellen.

Die Sozialmoral des eigenen Lebens

Ulrich Beck

In den fünfziger Jahren haben die Menschen auf die Frage, welche Ziele sie anstreben, klar und eindeutig geantwortet: ein »glückliches« Familienleben, ein Einfamilienhaus, das neue Auto, die gute Ausbildung für die Kinder und die Erhöhung ihres Lebensstandards. Heute spricht man eine andere Sprache, die zwangsläufig vage um die Suche nach der eigenen Individualität und Identität kreist.

Diese Vagheit ist nicht nur individuell, sondern auch sozial bedeutsam: Im Gegensatz zum traditionalen Wertsystem, wo Erfolg stets relativ eindeutig definiert war (Einfamilienhaus, Auto etc.), kann sich heute keiner mehr wirklich im klaren sein, wann er das, was er sucht, gefunden hat und wie er anderen von seinem »Erfolg« verbindlich und überzeugend Nachricht geben kann. Die Konsequenz ist, daß die Menschen immer nachdrücklicher in das Labyrinth der Selbstverunsicherung, Selbstbefragung und Selbstvergewisserung hineingeraten. Zugleich führt der (unendliche) Regreß der Fragen: »Bin ich wirklich glücklich?«, »Bin ich wirklich selbsterfüllt?«, »Tue ich wirklich das, was ich tun will?«, »Wer ist das eigentlich, der hier ›ich‹ sagt und fragt?« in immer neue »Antwort-Moden«, die in vielfältiger Weise in Märkte für Experten, Industrien und Religionsbewegungen umgemünzt werden können.

Auf der Suche nach Selbsterfüllung verwandeln sich die Menschen so in Produkte der Massenkultur und des Massenkonsums. Sie reisen nach dem Tourismuskatalog in alle Winkel der Erde. Sie zerbrechen die besten Ehen und gehen in rascher Folge immer neue Bindungen ein. Sie lassen sich umschulen. Sie fasten. Sie joggen. Sie engagieren sich. Sie wechseln von einer Therapiegruppe zur anderen und schwören jeweils auf ganz unterschiedliche Therapien und Therapeuten. Selbstsicher (und selbstunsicher), wie sie sind, erörtern und ergründen sie dauernd untereinander ihre eigenen Unsicherheiten. Ihr Klagen über den »Narzißmus« der anderen dient ihnen dazu, ihrem eigenen Ego

Barbara Häusler und Christoph Wingender

Raum zu verschaffen. Besessen von dem Ziel der Selbsterfüllung reißen sie sich selbst aus der Erde heraus, um nachzusehen, ob ihre eigenen Wurzeln auch wirklich gesund sind.

Dieses Wertsystem des eigenen Lebens ist massiver Kritik ausgesetzt. Von »Anspruchsinflation« und »Ellenbogengesellschaft« ist in Parlament, Parteien und Öffentlichkeit die Rede. Aber wo, wenn nicht in der Politik, können harmlos altruistische Bürger lernen, wie die Ego-Gesellschaft funktioniert? In diesen larmoyanten Schaumschlägereien wird verkannt, daß die Philosophie des eigenen Lebens, die im Alltag Wurzeln schlägt, genau umgekehrt die Geburtsstätte einer Querköpfigkeit ist, die die geschenkte Demokratie in Deutschland noch bitter nötig haben kann.

Die Moral des eigenen Lebens bejaht, was öffentlich beklagt wird: den Durchgang des Sozialen durch das Individuelle. Ohne Ich kein Wir. Wir nur als selbstbestimmtes Wir, nicht als Vorgabe, nicht als Summe, nur als Zustimmung der Individuen. Die Ethik des eigenen Lebens leistet damit zunächst eine *Kritik* der herrschenden Wir-Definitionen – Klasse, Stand, Familie, Geschlechtsrollen, Gemeinwohl, Partei, Nation usw.

Das »Mehr« über den konventionellen Erfolg hinaus richtet sich nämlich auf *Selbstbefreiung als Prozeß*, was die Suche nach neuen Sozialbindungen und Solidaritäten in Familie, Arbeit und Politik mit einschließt; es richtet sich auf die Freiheit, traditionale Rollenvorgaben zu unterlaufen oder zu überwinden und neue Verhaltensweisen und Formen des Zusammenlebens und -arbeitens zu erproben; es richtet sich darauf, Impulse und Wünsche, die man bisher gewohnt war zu unterdrücken, zu äußern und ihnen nachzu-

geben; es richtet sich auf das Ausleben von Partnerschaftsbeziehungen und schließt den Wunsch ein, das Leben jetzt und nicht erst in ferner Zukunft zu genießen, also eine »Kultur des Genusses« zu entwickeln; es nimmt sich die Freiheit, eigene Bedürfnisse in Rechte umzuwandeln und gegen institutionelle Vorgaben und Verpflichtungen zu wenden; die Freiheit, das eigene Leben gegenüber »fremden« Übergriffen abzuschirmen und abzusichern, ihm einen »eigenen Raum« zu verschaffen und sich dort, wo dieser Freiraum persönlich erlebbar gefährdet ist, sozial und politisch zu engagieren.

Die Sozialmoral des eigenen Lebens entsteht nun umgekehrt aus der von innen her erfahrenen Not und Notwendigkeit, das eigene Leben zu begrenzen, um es überhaupt sinnvoll und gestaltbar werden zu lassen. Das »Material« dieser Selbstbegrenzung sind die Ansprüche anderer, deren Widerständigkeit ich mir zu eigen mache, für die ich also das eigene Leben einschränke, um auf diese Weise im Erleben des Widerstands des anderen das Eigene des eigenen Lebens zu erfahren und zu gestalten. Das klingt harmonischer, als es (gemeint) ist. Denn der springende Punkt bleibt immer der, warum für mich die Selbstpreisgabe *im Konkreten* sinnerfüllt sein soll? Genau an dieser Frage scheitern Ehen, verfallen Freundschaften, beginnt die Flucht aus den Massenorganisationen (Gewerkschaften, Kirchen, Parteien).

Hier liegt auch ein Grund, warum z. B. Studenten mit der diffusen, widersprüchlichen Leere der Universität nicht zurechtkommen. In Urlaubszeiten, wo der gewohnte Tagesrhythmus sich ins Nichts auflöst, entstehen Streß und Streit. Man rät: Nimm dir ein Buch zur Hand, schmiede Pläne, wandere! Aber Gott bewahre uns vor der Erfüllung unserer Wünsche! Die ersehnte Muße kann zur Hölle werden, wenn genau diese Schaffung akzeptierter Widerstände mißlingt. Wäre das nicht so, dann müßten scheiternde Ehen eigentlich

Barbara Häusler und
Christoph Wingender

die besten, haltbarsten Ehen sein, und das
Schuften im Beruf die erfüllteste »Frei-«Zeit-
Beschäftigung.

Die Schlüsselfrage, *wie* durch Selbstver-
pflichtung dem eigenen Leben ein Sinn gegeben wird, ist unendlich gewälzt worden. Der
Soziologe vermag hier nur Pragmatisches bei-
zutragen. Etwa die Beobachtung, daß durchaus kulturelle Praktiken verfügbar sind, Freiheit durch Widerstand in Herausforderung zu
verwandeln. So wird z. B. der Zulauf erklärbar,
den gefährliche Sportarten, wie das Klettern
in Steilwänden, Drachenfliegen, das Springen
(an Gummibändern befestigt) in Abgründe
oder auch Abenteuerurlaube finden. Das Blu-
menzüchten ist ein altes Beispiel dafür, wie
im häuslichen Kleinrahmen Freiheit in Sinn
verwandelt werden kann. Blumenzüchter sind
Sinnzüchter, Sinnselbstzüchter und Selbst-
sinnzüchter. Die Ignoranz, mit der andere zu-
sehen, wie freie und vernünftige Menschen
sich der Pflege von Balkonpflanzen widmen,
verkennt, daß die Sorge um die Blumen (Tau-
ben, Hunde usw.) eine Art unegoistischer
Selbstsorge ist. Man erdet die Blumen *und*

sich selbst, indem man die eigene Zeit, den
eigenen Raum durch die Sorge um andere
einschränkt. Im Verwachsen mit den Pflanzen
schlägt man selber Wurzeln; und es ist wohl
auch kein Zufall, daß dann, wenn alle Lieben
gegangen sind, die Liebe zu den Wesen, die
nicht gehen können oder dürfen, Blüten
treibt. Doch die zentrale Frage – das zentrale
Dilemma – lautet: Wie lassen sich Freiheiten
binden oder bündeln, aufeinander und auf
eine gemeinsame Sache verpflichten?

Da alles auf Selbstbestimmung gegründet
ist, setzt die Verpflichtung auf die Gemeinsamkeit die Selbstbindung der fremden Freiheit voraus. Er oder sie muß sich freiwillig
verpflichten, von der Freiheit keinen oder
einen sehr eingeschränkten Gebrauch zu machen. Es geht also um die Selbstüberwälti-
gung, Selbstfesselung der fremden Freiheit
um der eigenen Freiheit und der gemeinsamen Sachen willen: *Freiheitsparadoxie.*

»Der Freiheit des anderen als solcher
wollen wir uns bemächtigen«, argumentiert
Jean-Paul Sartre am Beispiel der Liebe und
der Liebenden. »Und nicht mit Hilfe von
Macht: der Tyrann pfeift auf die Liebe; ihm
genügt die Furcht. Wenn er die Liebe seiner
Untertanen sucht, dann aus Gründen der Politik, und wenn er ein sparsameres Mittel findet, sie zu unterwerfen, so wendet er es
sofort an. Im Gegensatz dazu wünscht der-
jenige, der geliebt sein will, nicht die Unterwerfung des geliebten Wesens. Er legt keinen großen Wert darauf, der Gegenstand
einer sklavischen und bewußtlosen Leidenschaft zu werden. Er will keinen Liebesauto-
maten besitzen, und wenn man ihn demüti-
gen will, so genügt es, ihm die Leidenschaft
des geliebten Wesens als das Ergebnis eines
psychologischen Determinismus darzustellen:
Der Liebende kommt sich in seiner Liebe und
in seinem Sein entwertet vor. Wenn Tristan

und Isolde durch einen Liebestrank betört werden, interessieren sie uns nicht sehr; und es kommt vor, daß eine vollkommene Unterwerfung des geliebten Wesens die Liebe des Liebenden tötet [...] Also wünscht der Liebende nicht, den Geliebten zu besitzen, wie man eine Sache besitzt; er sucht nach einem besondern Typus von Aneignung. Er will eine Freiheit als Freiheit besitzen.

Andererseits kann er sich aber auch nicht mit jener erhabenen Form von Freiheit zufriedengeben, die eine ungezwungene und freiwillige Verpflichtung ist. Wer würde sich mit einer Liebe begnügen, die sich als reine, dem Vertrauen geschworene Treue darbietet? Wem wäre es recht, wenn er hören müßte: ›Ich liebe dich, weil ich mich freiwillig verpflichtet habe, dich zu lieben, und weil ich mein Wort nicht brechen will: ich liebe dich aus Treue zu mir selbst?‹ So verlangt der Liebende den Schwur und ist über den Schwur unglücklich. Er will von einer Freiheit geliebt werden und verlangt, daß es diese Freiheit als solche nicht mehr gibt. Er will, daß die

Barbara Häusler und
Christoph Wingender

Freiheit des anderen sich selbst dazu bestimmt, Liebe zu werden – und dies nicht nur zu Beginn des Abenteuers, sondern jeden Augenblick –, und gleichzeitig will er, daß diese Freiheit vor sich selbst in Fesseln gelegt werde, daß sie, wie in der Verrücktheit oder im Traume, sich gegen sich selbst wendet und ihre eigene Fesselung will. Und diese Fesselung soll freiwillig Abdankung sein, und gleichzeitig wollen wir die Ketten in der Hand behalten.«[21]

Was Sartre am Beispiel der Liebe aufdeckt, läßt sich wohl verallgemeinern. Die *freiwillige kettenfreie Selbstfesselung* – das ist das widersprüchliche Bindungsideal der Ich-Kultur auf der Suche nach dem selbstbestimmten Wir. Kein Zweifel, daß diese Gedankenfigur den Blick für die Wirklichkeiten des Scheiterns, deren Anzeichen schon fast überwältigend sind, öffnet und schärft. Aber sie verschließt den Blick auch für die zahlreichen Möglichkeiten, wie Menschen (vielleicht nur vorläufig) diese Drachen zähmen. Nachbarschaftshilfen auf Gegenseitigkeit, Fahrgemeinschaften zwischen Pendlern, die Sorge um Behinderte, die den Leistungsnormen nicht gewachsen sind, diese vielen kleinen Alltagsweisen, einander zu helfen, für einander einzustehen, wenn es brennt und auch schon davor, widersprechen dem Apodiktum der Aussichtslosigkeit, das hier errichtet wird. Die Tausende von Initiativen gegen Hunger und Krieg auf der Welt – sie alle sind Selbstinitiativen meist jenseits der etablierten Organisationen, und sie alle strafen die Rede von der Ego-Gesellschaft Lügen.

Wir leben in einer blühenden Alltagsmoral. Nicht zuletzt die masochistische Geduld, mit der das alltägliche Müllsortieren in Deutschland hingenommen, eingeklagt, vollzogen wird, um die Welt doch noch zu retten, be-

[21] J.-P. Sartre, Das Sein und das Nichts, Reinbek 1979, S. 471.

weist dies. In dieselbe Richtung deutet dann auch die Tatsache, daß mit dem Schwierig- oder Unmöglichwerden von Partnerschaften und Bindungen genau umgekehrt der brennende Wunsch nach diesen sich geradezu flächenbrandartig ausdehnt. Werte wie Familie, Treue, Solidarität, Vertrauen standen wohl selten so hoch in der Gunst wie in Zeiten wie dieser, da ihre Erreichbarkeit prinzipiell gefährdet erscheint.

Doch der Blick für die Sozialmoral des eigenen Lebens öffnet sich erst, wenn zwei Mißverständnisse ausgeräumt werden. Das erste könnte man das *egoistische Markt*-Mißverständnis des eigenen Lebens nennen. Hier wird davon ausgegangen, daß die Rede vom eigenen Leben wesentlich auf das ökonomische Marktinteresse des Individuums zielt. Der oder die einzelnen werden als Nutzenmaximierer (in einem engeren oder weiteren Sinne) gedacht. Der Begriff des eigenen Lebens meint demgegenüber einen historisch anderen Modus der Vergesellschaftung von Individuen. Der einzelne wird gerade nicht mehr (nur) im Bezugsrahmen der nationalstaatlichen Axiomatik von Klasse, Familie, Staat gedacht. Das eigene ist vielmehr zugleich das globale Leben. Das Leben, das in vielfältige, unübersichtliche, widerspruchsvolle Interdependenzketten eingebunden und in diesen zu handeln gezwungen ist.

Hier sich auf das (ökonomische) Eigeninteresse zurückzuziehen wäre nicht nur töricht, sondern existenzgefährdend. Das eigene und globale Leben muß sich grenzübergreifend orientieren und organisieren, muß sich Fremdes zu eigen machen, will es als eigenes Leben überleben. In einer Welt der Widersprüche muß der einzelne jedoch ein hohes Maß an *Autonomie* anstreben und herstellen; aber Autonomie meint *nicht* Egoismus. Sie setzt im Gegenteil das Umgehenkönnen mit Unsicherheiten, Interdependenzen und Reziprozitäten voraus. Es ist daher ein schwerer (Denk-)Fehler, die Frage nach neuen Solidaritäten zu verwechseln mit der Frage, wie die Markt-Egoismen gezügelt, gezähmt, zusammengeschweißt werden können. Diese Frage muß vielmehr so verstanden werden: Wie können Autonomie und Interdependenz, eigenes Leben und Verantwortung in einer sich selbstgefährdenden Zivilisation neu aufeinander abgestimmt werden, und zwar in den verschiedenen Sphären des sozialen Lebens, einschließlich der Wirtschaft?

Das zweite könnte man das *traditionalistische* Mißverständnis der Wir-Moral nennen. Hier wird fälschlich von der Ablehnung traditional und organisatorisch *vorgegebener* Solidaritätsformen und -normen auf die *A*- oder *Anti*moral des eigenen Lebens geschlossen. Das ist pure Dogmatik, die die herrschenden Maßstäbe verabsolutiert. Das eigene ist nämlich sehr wohl auch ein sozialmoralisches Leben, ein Leben auf der oft händeringenden Suche nach einem Dasein mit und für andere. Das allerdings darf nicht mit den alten Ladenhütern der Geschichte – Klasse, Familie, Nation – verwechselt werden. Die Solidarität der eigenen Leben entsteht und kräftigt sich vielmehr aus dem, was Anthony Giddens »*aktives Vertrauen*« nennt. Das ist eine Form des Vertrauens, die gerade nicht vom hohen Roß der Institutionen herab eingeklagt werden kann, sondern *gewonnen* werden muß. Aktives Vertrauen verurteilt nicht, sondern *unterstellt* die Autonomie der eigenen Leben. Nur so kann sozialmoralisches Handeln gestiftet werden; alles andere ist Augenwischerei.

Im Kontext der Familie heißt aktives Vertrauen: *Sorge für andere*. Dieses Sorgen für einander ist keineswegs mit der Verpflichtung auf die traditionalen Geschlechtsrollen, Familienrollen, Familienmitgliedschaften zu verwechseln, im Gegenteil: Diese Sorge (nicht Dauerbesorgtsein!) erwächst aus der *Kritik* der traditionalen Kleinfamilienordnung und

-hierarchie und zielt auf die wechelseitige Befreiung aus ihr. Was gemeint ist, läßt sich in fünf Punkten andeuten:

Erstens ist die selbstgewählte Sorge für den anderen eine *Selbstbegrenzung und Selbstsinngebung des eigenen Lebens;* dieses wird durch diesen gewollten Widerstand gestaltbar, erfahrbar, in sich selbst sinnvoll. Diese Sorge für andere setzt die Bejahung des eigenen Lebens voraus. Sie entsteht überhaupt nur als Sorge zweier (oder mehrerer) eigener Leben füreinander.

Damit ist die Sorge für andere zweitens nicht in feste, sondern in *offene* Identitäten und Handlungsprogramme eingebunden. Die Solidarität, die hier möglich wird, ist nicht abrufbar, sondern muß im Gespräch, im wechselseitigen Nachfragen und Hinhören – im *Sehen* des anderen, das wiederum der andere *sieht* – immer wieder hergestellt werden und für alle nachvollziehbar gerecht sein (was immer das im Konkreten heißen mag). Erst dadurch wird die Sorge für den anderen zu einer gegenseitigen Sorge *füreinander*.

Ulrich Lang und Eike Schönfeld

Diese Gemeinsamkeit ist diskursiv und provisorisch. Sie ist eine Handlungs-, aber auch ein Verhandlungsprodukt. Sie ist revisionsbedürftig und revisionsverpflichtend; bedarf aber auch der Regelungen und Routinen des »Einfleischens«, die das Ineinanderkreisen der Dauerreflexion begrenzen.

Das eigene Leben füreinander ist damit drittens auch ein *experimentelles* Leben. Gemeinschaft wird als Suchgemeinschaft aufgefaßt und praktiziert. Dieser gilt die Veränderung der Identität nicht als Störung und Gefährdung und wird als solche geahndet, sondern ist gewollt, wird gegenseitig gestützt und gefördert. Hier brechen mehrere mit- und gegeneinander zu anderen Ufern auf, führen ein Entdeckungs- und Abenteuerleben in eigener Sache, wissen dies und wissen daher auch, daß Einbrüche und schwere Wetter drohen und verkraftet werden müssen. Glück wird nicht mit Harmonie gleichgesetzt oder verwechselt, sondern in der Erfahrung der Verschiedenheit und Vielfalt gesehen, die konfliktfähig ist.

Dieses hinhörende Sorgen füreinander setzt viertens eine bewußte und gewußte Balance zwischen Gewißheit und Zweifel voraus. Die Gewißheit betrifft die *Aktivität des schier unerschütterlichen Vertrauens,* das der andere in den eigenen Augen und Handlungen genießt. Dessen kann er oder sie – was immer geschehen mag – sicher sein. Es schließt das Verständnis und die Vergebung – nicht die Bejahung – selbst schwerer Irrtümer und Vertrauensbrüche mit ein. Diese Art geschenkten Vertrauens beantwortet die bange Frage, die sich jedem Abenteurer des eigenen Lebens stellt: »Was geschieht, wenn ich mich selbst als Mörder entpuppe, mich verirre oder verliere?« mit der Wunschantwort: »Dann werde ich dich dort suchen und finden, wo und wie du bist – sei es im Gefängnis, unter der Brücke oder in einem der vielen anderen offenen oder versteckten repräsentativen Irrenhäuser, die uns einschließen.«

Diese tragende und schützende, radikale, fast menschenunmögliche Gewißheit wird (vielleicht) ermöglicht und begleitet fünftens durch die Fähigkeit zu zweifeln und die Gnade des Selbstzweifels. Das eigene Mangel- und Mängelbewußtsein öffnet die Tür in die Gemeinsamkeit der eigenen Leben: *Dubito ergo sum.* Ich zweifle, also bin ich. Ich zweifle, also werde ich. Ich zweifle, also gebe ich dir Raum. Du zweifelst, also gibst du mir Raum. Ich und du zweifeln, also sind wir. Wir zweifeln, also werden wir möglich.

Die Kultur des Zweifelns (nicht des Verzweifelns) öffnet Raum für andere, für andere (eigene) Leben, andere Erfahrung und – in der Entfaltung der anderen – für mich und mein eigenes Leben. So wird die Sozialmoral des eigenen Lebens zu einer aktiven Sorge für andere – kann, könnte es werden.

Sprechen nicht beispielsweise die hohen Scheidungsziffern gegen die Praktikabilität dieser Philosophie? Nein. Diese Erneuerung familialer Solidarität ist durchaus vereinbar mit der Vielfalt nicht-, vor-, neben- und nachehelicher Lebensformen, wie sie jetzt in allen hochindustrialisierten Gesellschaften erkundet werden. Es handelt sich um eine »familiale« Solidarität im weitesten denkbaren Sinne, die nicht mit den Grenzen und Normen der von vielen verewigten Kleinfamilienordnung verwechselt werden darf. Die offiziellen und inoffiziellen Scheidungsraten werden aller Voraussicht nach hoch bleiben. Sie sind ja auch Ausdruck des Experimentes, zu dem die Verbindung eigener Leben inzwischen unwiderruflich geworden ist. Scheidung muß jedoch nicht unter allen Umständen die Solidarität der eigenen Leben zerstören, sie kann

diese durchaus auch erweitern, bereichern. Die Anerkennung, daß auch Kinder ihr eigenes Leben haben, die Einsicht, daß Eltern das eigene Leben ihrer Kinder ermöglichen und tragen sollen, daß genau dieses auch eine nacheheliche Solidarität Geschiedener begründen *kann*, öffnet den Blick dafür, was vielen paradox erscheinen mag: Scheidung kann auch als eine Multiplikation neuartiger Verwandtschaftsbeziehungen sozusagen die unter Schmerzen geborene nachfamiliale Großfamilie und Großfamiliensolidarität begründen. In ihr sind dann mehrere Eltern- und Stiefelternpaare mit eigenen und fremden Kindern, Stiefkindern, Kindesstiefkindern, Stiefkindeskindern usw. verbunden. So könnte – mit dem Rückgang der Kinderzahlen! – das genaue Gegenteil eintreten: Jedes Kind hat mehrere Eltern, Eltern führen mehrere Ehen und haben daher (trotz sinkender Kinderzahlen) viele Kinder. Das ist – zweifellos – eine Utopie. Die Realität sieht meist gegenteilig aus; sie ist eher von Rachefeldzügen und Glaubenskriegen Geschiedener gekennzeichnet. Und doch wird diese Utopie im Durchgang durch das eigene Leben auch real, wenngleich vielleicht nicht realistisch.

Aber öffnet die Kultur des Zweifels nicht letztlich doch dem (Werte-)Relativismus Tor und Tür? Muß die Moral des eigenen Lebens nicht als der denkbar extremste Gegenfall zu einer Verpflichtung auf das Gemeinwohl gedacht werden, das ja längst nicht mehr nur Klassen und Nationen, sondern konsequent gedacht die Solidarität des Lebens auf dieser Erde einschließt? Wie ist die letztlich doch ins Kleine, nach innen gewendete Moral des eigenen Lebens mit Herausforderungen dieses Zuschnitts vereinbar? Läuft sie nicht zwangsläufig auf deren schlichte Negation hinaus?

Auch hier: Nein. In das eigene Leben ist ein erfahrbarer, die Eigen- und Fremdwahrnehmung prägender *Wertuniversalismus* eingelassen. In Katastrophenerfahrungen wie der von Tschernobyl erfährt das eigene Leben das Ende des anderen. Es erfährt, daß das eigene Leben von fernen Entscheidungen, z. B. über Energieversorgungen auf der anderen Seite der Erde, genauso gefährdet wird wie von Einbrüchen im sozialen Netz und im Arbeitsmarkt »zu Hause«.

Das eigene Leben schließt also kosmopolitische Werte und Identitäten keineswegs aus, sondern ein. Es ist im Gegenteil die erste historische Vergesellschaftungsform, in der das Schicksal jedes einzelnen und aller im Umgang mit hergestellten Gefahren und Unsicherheiten für jeden in Grenzfällen (drohender, aktueller, schleichender Katastrophen) wahrnehmbar wird. Der Werthorizont, der sich hier öffnet, läßt sich vielleicht am ehesten in den Worten von Hans Jonas als »Heuristik der Furcht« begreifen. Er wird zunächst bewußt unter negativem Vorzeichen als Bedrohung, welche die Menschheit für sich selbst geschaffen hat und geworden ist. »Das Dringlichste ist«, sagt Jonas, »die Notwendigkeit einer Ethik der Erhaltung und Abwendung, nicht des Fortschritts und der Perfektion«. Man möchte hinzufügen: der Vor-Sorge.

Werte der Unverletzlichkeit des menschlichen Lebens, universelle Menschenrechte, die Erhaltung des Lebens und die Sorge für die lebenden und noch ungeborenen Generationen mögen auf diese Weise durch ihre Verletzung bewußt werden. Es sind aber keineswegs nur negative Werte. Sie enthalten vielmehr eine Ethik individueller und kollektiver *Verantwortung*, die in die Lage versetzt oder versetzen könnte, unterschiedliche Interessen zu überbrücken. Verantwortung meint *nicht* Pflicht; woraus viele den Schluß gezogen haben, daß sie nicht über eine den Herausforderungen angemessene Macht der Durchsetzung verfügen könne. Im Unterschied zur Pflicht setzt Verantwortung das Ausbuch-

stabieren der Gründe voraus, schließt abrufbare Gefolgschaft, blinden Konsens aus.

Verantwortung ist das Gegenteil von Fanatismus, entwickelt aber eine eigene Ansteckungskraft, da sie auf Freiwilligkeit beruht und Freiwilligkeit durchaus mehr Überzeugungs- und Bindungskraft entwickeln kann als Vorgaben, die gesetzt und erzwungen werden – jedenfalls in Kulturen des eigenen Lebens. Auf Verantwortung in diesem Sinne als Antwort auf globale Herausforderungen zu setzen mag schwach erscheinen – oder sein. Aber haben das die kommunistischen Machthaber nicht auch gedacht – bis sie hinweggefegt wurden?

Eigener Tod – eigenes Leben: Vergänglichkeitshoffnungen

Ulrich Beck

Wir haben in diesem Buch zu zeigen versucht, daß Wunsch, Mythos und Realität des eigenen Lebens dann entstehen, wenn die Industriegesellschaft und ihre Gruppenformen (Klasse, Familie, Geschlechtsrollen) in die Auflösungsdynamik der Modernisierung geraten (»reflexive Modernisierung«). Dann werden die Menschen gezwungen, sich als Sinn- und Biographie-Bastler zu verstehen und ihre eigene und soziale Existenz, einschließlich des möglichen Scheiterns, (mit)zugestalten. Durch die einzelnen Kapitel hindurch wurden dabei vielfältige, zum Teil widersprüchliche Bedingungen und Bestimmungen aufgezeigt und ausgeleuchtet, die insgesamt ein paradoxes Bild entstehen lassen:

Das »eigene« Leben ist hochgradig vergesellschaftet, durch und durch institutionenabhängig. Ja, man versteht die »Logik«, aus der heraus diese historisch späte Existenzform und die Zwänge und Möglichkeiten, in die sie die Menschen einbindet, nur, wenn man erkennt, daß das eigene Leben einer institutionalisierten Programmatik folgt. Ausbildungssystem, Arbeitsmarkt, Sozialstaat, Verrechtlichung usw. setzen den individuellen Akteur voraus und frei. Das eigene Leben ist also weder Ausdruck eines überschäumenden Individualismus und Egoismus, der wie eine Epidemie die Menschen erfaßt hat, noch ein freischwebendes, selbstbestimmtes Leben, sondern eine durchaus *konforme* Existenzform, die im Kontext sozialstaatlich abgepufferter Arbeitsmärkte für immer mehr Gruppen verbindlich wird. Es handelt sich allerdings um eine »Konformität«, die ihr Gegenteil erzeugt: die *Unberechenbarkeit des Sozialen*. Eine Normalisierung von Abweichungen, die die Kriterien für beides – Normalität und Abweichung – aufhebt. Es ist, anders gesagt, die funktional hochdifferenzierte Gesellschaft, die Leerräume des eigenen Lebens öffnet. Wie diese ausgefüllt werden, kann von oben und außen nicht mehr diktiert oder vorhergesagt werden. Auch verallgemeinern sich hier ambivalente Überforderungen, die Gegensätzliches ermöglichen: Klassisch gesprochen – Emanzipation *und* Gewalt. Denn auch der Zuschnitt der alltäglichen Existenz wandelt sich. Diese wird enttraditionalisiert und individualisiert, zugleich aber auch *erlebbar globalisiert*. Was in anderen Kontinenten geschieht, schlägt unmittelbar in den Erfahrungskreis des eigenen Lebens ein. Abschirmungstendenzen und Fundamentalismen – das Wiederbeleben ethnischer Identitäten und lokaler Nationalismen – sind in dieser Sicht Reaktionen auf ihre *Gefährdung* durch fortschreitende Individualisierung und Globalisierung.

Alle diese und andere exemplarisch veranschaulichten Bestimmungen des eigenen Lebens – der Kampf um einen eigenen Raum, um eigenes Geld, der Zwang zur Selbstinszenierung und Selbstzurechnung (damit die Möglichkeit, gesellschaftliche Krisen auf die einzelnen abzuwälzen), die Globalisierung und Informalisierung des Sozialen, die Paradoxien einer Sozialmoral der eigenen Leben – bleiben unvollständig, wenn nicht die existentielle Bedeutung des *Todes* für das eigene Leben gesehen wird: Die Sinnarchitektur des eigenen Lebens wird erst von seinem Ende, vom *Tode* her verständlich.

Je eigener und einzigartiger das Leben, desto unersetzbarer. Der Preis für weit vorangetriebene Individualisierung ist eine durch nichts gemilderte Konfrontation mit der eigenen Vergänglichkeit. Das einzigartige Leben macht dieses kostbar, aber auch in sich zerbrechlich. Es kann in nichts und niemandem fortleben: Das eigene Leben endet mit sich selbst.

Alle historisch früheren Epochen waren nicht so leichtsinnig, das Leben mit seinem Ende enden zu lassen. In religiösen Kulturen kommt der Tod einem »*Kostümwechsel*«

gleich: Eine Bühne wird durch eine andere ersetzt. Oft ist damit die Verheißung der Befreiung verbunden. Die Menschen gehen von der Welt des Scheins und der Qualen ein in das »wahre Leben«.

Aber auch in den säkularisierten Gesellschaften des Sozialismus und Kommunismus »überleben« die einzelnen in der Aufopferung für eine bessere Welt, die nun auf Erden erreicht und errichtet werden soll. Der kommunistische Machtapparat ist aufs kunstvollste mit den Idealen der Menschheit und Menschlichkeit verwoben, und zwar so, daß die Maximierung staatlicher Macht und Unterdrückung im Dienste von Freiheit, Gleichheit und Brüderlichkeit steht. Der einzelne ist nichts, die Gesellschaft ist alles. Äußerste Verfügbarkeit und äußerste Verführbarkeit bedingen, ergänzen und verstärken sich. Die individuelle Existenz geht auf in der »Schaffung des neuen Menschen«. Es handelt sich also um eine säkulare Religion der Gesellschaftserlösung. Die Transzendenz des eigenen Lebens wird ins Diesseits verlegt. Sie findet ihren »Glauben« in einem Leben nach dem Kapitalismus.

Der Tod – nicht als Übergang, sondern als Ende, und zwar als absolutes und unerbittliches Ende – entsteht erst mit und in der Existenzform des eigenen Lebens. Das eigene ist das im radikalen Wortsinn *vergängliche* Leben. Es hat alle Sicherheiten der Transzendenz verloren. Der kosmisch-religiöse ebenso wie der gesellschaftlich-politische Erlösungsglaube sind entzaubert, in seiner Selbstverständlichkeit zerbrochen. Dies gilt auch und gerade dort, wo mit allen Mitteln der Ausbruch aus der Immanenz des eigenen Lebens gesucht und versucht wird – in der Flucht in Mystik, Esoterik, in neue Religionsbewegungen usw.

Das eigene Leben ist – allein seinem Begriffe folgend – der Versuch, die Versuchung, in sich selbst Grund, Kraft, Ziel der Selbst- und Weltgestaltung zu finden. Dieser Versuch ist, von seinem Ende her gesehen, vom Scheitern bedroht. Dies gibt dem eigenen

Volker und
Gerson Behnfeld

Leben seine Konturen: seine Flüchtigkeit, seinen Lebenshunger, seinen Geschmack von Bitternis, Trostlosigkeit, seine Ironie und Leichtigkeit, die aus der Unbegreiflichkeit seines »Nichtsein-Seins« erwächst. Hier haben sein Hochmut, sein Wahn, sein Abenteurertum, dieses Hochjauchzen-und-zu-Tode-Betrübtsein ihren Grund.

Zugleich wandeln sich, wechseln die Bedeutungen von Tod und Sterben. Der Tod wird unfaßlich. Das Sterben wird zur allgegenwärtigen Bedrohung des eigenen Lebens.

Der Tod fängt dann an, wenn das eigene Leben aufgehört hat. Man begegnet sich nicht. Zwischen beiden gibt es keine Brücke, keine Verständigung. Der Tod ist nicht wahrnehmbar. Er kennt keine Gefühle, kein Wissen, keinen Schmerz, kein Leid. An die Stelle des Todes aber tritt das *Sterben*. Das eigene Leben ist gekennzeichnet, gepeinigt von einer Sterbensfurcht von Anfang an. *Dieses* Ende beginnt früh, ist erfahrbar und allgegenwärtig. An ihm verdienen die Versicherungen, die Ärzte, die Apotheker, die kosmetische und pharmazeutische Industrie, die Heilsversprecher und Drogenhändler im direkten und übertragenen Wortsinn, alle Vorsorger und Nachsorger, die auch noch die winzigsten Anzeichen des Verfalls vom eigenen Leben, vom eigenen Körper zu tilgen versprechen. Die Angst vor dem Sterben schlägt sich in den neuen Kathedralen der Sicherheit und der Versicherungen nieder, die das nur diesseitige Leben vor den Spuren seiner Vergänglichkeit bewahren sollen. Am Ende stirbt der Mensch nicht, sondern die Medizin versagt.

Dies ist die Vorstufe der Ewigkeit *im* Diesseits, an der die Eingeborenen des eigenen Lebens mit aller ihnen zu Gebote stehenden Kraft arbeiten.

Zwar – so lautet die Hintergrundbotschaft der Diagnose, daß der Mensch nicht am Tod, sondern am Kreislaufversagen gestorben ist –

sind wir in unserem Können noch nicht ganz so weit; aber eines schönen großen Tages werden wir alle Kreisläufe gegen ihr Versagen schützen können, und dann beginnt der wahre Jubel! Der Tod ist das Schnippchen, das wir dem Ende des eigenen Lebens nur noch nicht schlagen können. Er ist ein verbliebenes Restrisiko, unter dem das eigene Leben noch steht. Aber wenn unsere Kontrollansprüche so wachsen, wie sie wollen und sollen, dann wird diese archaische Urverunsicherung des Sterbenmüssens so eingegrenzt und eingepanzert und damit sicher werden, wie es Kernkraftwerke schon heute sind!

Die erste große Versicherungspolice gegen das Ende des eigenen Lebens war das Versprechen des *ewigen* Lebens, das die Kirche ausstellte. Im Hochmittelalter war der Tod des eigenen Lebens nur eine Verwandlung in das *eigentliche* Leben, das Leben aller in und mit Gott. Der Tod als *Bewährung vor Gott* ist eine Erfindung, die seit dem 13. Jahrhundert die Seelen beunruhigte – und vereinzelte. Tod bedeutete damit Rechenschaft ab-

legen vor Gott. Hier und so begann die Ursünde des Individualismus – als Forderung der Kirche!

Man hört förmlich die Theologen streiten, mit der Paradoxie ringen. Das einzelne Leben wird nun wertvoll und im Prinzip selbstbestimmt gedacht. Es kann fehlen. Freiheit kommt im theologischen Gewande als die menschliche Möglichkeit der Sünde auf die Welt. Aber ist dies nicht schon pure Ketzerei? Wo bleibt Gott, wenn der Mensch fehlen kann? Das individuelle Schuldigwerden im Leben ist der erste Schritt in beides: in die Gottlosigkeit *und* in das eigene Leben.

Die kirchliche Lehre bleibt hier auch seltsam unentschieden: Einerseits gilt die Welt und alles Treiben der Menschen nichts. Es ist Schall und Rauch vor Gott. Andererseits hängt vom Vollzug des eigenen Lebens nun alles ab: ewiges Leben oder ewige Verdammnis. Das entscheidet sich im Tod. Der Tod ist also kein Ende, sondern eine Prüfung, *die* Prüfung auf der Karriereleiter ins ewige Leben (etwa dem zweiten Staatsexamen vergleichbar, das heutzutage die Tore in die staatsdienliche Unkündbarkeit öffnet).

Mit der Größe der Strafandrohung – der Hölle – wird versucht, den theologischen Lapsus auszubügeln, die Menschen in die Gottlosigkeit des eigenen Lebens entlassen zu haben. Das eigene Leben entsteht und steht unter der Drohung der ewigen Verdammnis. So wird die Freiheit, die Zügellosigkeit, die Anarchie eines auf sich selbst gestellten Lebens zugleich ermöglicht und aufgehoben. Entsprechend war es die Angst vor der Hölle,

Volker und Gerson Behnfeld

nicht so sehr vor dem Sterben oder dem Tod, die die Menschen damals im Angesicht ihres Endes peinigte.

Im gleichen Maße wird aber das Leben auf sich selbst gestellt. Die Bewährung im Beruf wird zur Prüfung vor Gott. Wie Max Weber in seiner berühmten Protestantismusstudie zeigt, gewinnt gerade die Rücksichtslosigkeit, mit der die Welt, auch die Welt der Überlieferungen, von den modernen Menschen erobert, entzaubert wird, ihre ursprüngliche Rechtfertigung aus dieser irdischen Bewährungsprobe des Menschen vor Gott. Ein eigenes Leben zu führen wird zum Gottesgebot. Diese Selbstentmachtung, dieses Sich-selbst-das-eigene-Grab-Schaufeln der Theologie wird durch alle Stadien der Säkularisierung hindurch gnadenlos Schritt für Schritt ausbuchstabiert.

Immer noch bleibt zunächst der Tod Bewährungsprobe, aber nicht mehr vor Gott, sondern nun vor der Gesellschaft, vor der gemeinsamen Sache, dem Auftrag in der Welt. »Auch Hegel und Marx – jener durch seinen Erkenntnisbegriff, dieser durch das Konzept der gesellschaftlichen Veränderung – feiern den Tod des einzelnen im Interesse der Zukunft des ganzen Menschengeschlechts. Hier ist alles auf den Kopf gestellt: Es kommt nicht mehr darauf an, sich auf einer religiösen oder mythischen Ebene mit den Ahnen zu versöhnen, sondern darauf, auf einer profanen und historischen Ebene zum Geburtshelfer der zukünftigen Menschheit zu werden.« (André Dumas)

Erst das eigene, nur noch mit sich selbst konfrontierte Leben wird zur Auflehnung gegen sein Ende. Auf dieses »Existential« sind gegensätzliche Antworten möglich: Der Gedanke an den Tod, die Erfahrung des Sterbens, *kann* die Lust am eigenen Leben wecken, kräftigen. Bei den alten Ägyptern tanzte neben dem Narren der Knochenmann in großen Festen mit. Er war die Steigerung des Witzes, die Musik in der Musik. Er gab dem Vergnügen den transzendentalen Beigeschmack der Vergänglichkeit. In einer Uhr auf einem Kirchenportal steht geschrieben: »Jede verwundet, die letzte tötet«. Gemeint ist: die Minute. Das Ticken der Lebensuhr fordert das Jetzt heraus. Der Stachel und Kitzel der Vergänglichkeit machen den Augenblick unendlich kostbar.

Auch kann der Todesgedanke zur Freiheit befreien. Stellt er doch alle Konstruktionen gesellschaftlicher Hierarchie in Frage: Ach, dafür haben die gestritten, gelogen, sich und andere getäuscht, unterdrückt, überhöht! Um dieses absurden Nichts willen! Alle Wahrheit, alle Pflicht, alles Suchen, Ängstigen, Fliehen, alles Mühen, Verdrängen, Lieben, Kämpfen, Leugnen, Verstecken läuft immer auf ein und dasselbe hinaus: das absolute Ende. »Philosophieren heißt sterben lernen«, schreibt der weise Montaigne. Das Bewußtwerden, Bewußthalten des eigenen Lebens kann aus dem heiteren Wissen um seine Vergänglichkeit wachsen.

Doch die dominante Antwort der Moderne lautet: Vergessen, Verdrängen, den Tod beerdigen, hineinverschließen in die tiefsten Grüfte, dunkelsten Gedächtniskammern des Selbst. Dort mag er ruhen, bis er aufersteht und damit das eigene Leben endet. Der Wunschtod *dieses* eigenen Lebens ist der ganz und gar plötzliche Tod. Der Tod ohne Sterben. Der Tod ohne jeden Gedanken an den Tod. Dieser Tod, in dem auch noch das Vergessen des eigenen absoluten Endes mitgewünscht wird, ist die radikale Normalform des Todeswunsches des eigenen Lebens.

Wenn schon nicht der Tod, so kann doch wenigstens das Sterben abgeschafft werden. Das Ende des Sterbens wird in dem Maße erreichbar, wie der Gedanke an den Tod verschwindet, verstummt, und der Übergang vom Leben in den Tod verplötzlicht wird. Der Unfalltod ist dafür das Idealbild.

Dieser allerdings ist unvollkommen, solange die Abschaffung des eigenen Sterbens genau umgekehrt die grausame Endgültigkeit des Todes *für andere* weckt. Wenn ich plötzlich nicht mehr bin, können die anderen nicht länger das Ende des Endes unter Kontrolle behalten.

Der Ausweg deutet sich an: der kollektive Unfalltod – der plötzliche Urknall: Das ist das Ideal der Abschaffung des Sterbens!

Es gibt also zwei Richtungen, um an diesem Ziel zu arbeiten: entweder die Verewigung des eigenen Lebens oder die Verplötzlichung des allgemeinen Endes. In beidem sind die Fortschritte groß.

Dieser Text verdankt detaillierte und anregende Hinweise (neben allen Mitautoren) Ronald Hitzler, Elisabeth Beck-Gernsheim, Christine Zeile, Brigitte Glaser, Hans Hermann Wetcke und Wulf Walter. Für ihr Interesse, ihre Geduld und Mühen sei an dieser Stelle gedankt.

Sigrid Jakob

Martin Hilbert
Seine Wege machen

Er gehört zu diesen defensiv armierten Boten, die seit ein paar Jahren durch die verstopften Straßen großer Städte huschen, über das Fahrrad gebeugt, auf dem Rücken in schwerem Gummituch die kostbare Fracht: Symbolfiguren einer vernetzten, postindustriellen Welt, deren Funktionieren so lautlos geworden ist wie effektiv, namenlos und persönlich zugleich.

Was man nicht sieht: Der junge Bote ist Freiberufler. »Meine erste Selbständigkeit«, sagt er, als könne es auch die dritte sein. Er hat sich bei der Zentrale eingekauft, die ihn über das Funkgerät von Job zu Job, von Planquadrat zu Planquadrat dirigiert. Was mit Verantwortung besetzt ist, muß er, Martin

Hilbert, selber verwalten: Investition, Versicherung, Steuer, Arbeitszeit, Effektivität. So, wie er sich in der Stadt bewegt, möchte man meinen, kenne er sie schon lang. Dabei ist er erst ein paar Monate zuvor nach Hamburg gezogen.

Die Dienstleistungslandkarte ist das eine System, über das sich Hilbert mit der Stadt vernetzt. Das andere ist die weitgestreute Szene der Rockmusik, die in Hamburg von einiger Bedeutung ist. Der einundzwanzigjährige Gitarrist hat sich seine Band aus der ostholsteinischen Kleinstadt mitgebracht; schnell haben sie alle in Hamburg Fuß gefaßt: »Pebbles & Bamm Bamm« und später, um dem Ernst der Sache Nachdruck zu verleihen: »Braindead«. Einen Teil der Songs schreibt Hilbert selbst. Zwei Jahre zuvor ist er vom Fachgymnasium für Wirtschaft geschaßt worden. Jetzt liest er mit Vorliebe die Anzeigenzeitung Avis, weil ihn »interessiert, was alles so kostet«. Gitarrenverstärker zum Beispiel.

Was man dem freiberuflichen Boten anmerkt, ist eine bestimmte Illusionslosigkeit, die nichts mit Verlust zu tun hat. Martin Hilbert wird ein Studium als Toningenieur beginnen, eine inzwischen zentrale Position im Rockbusineß, ein Art Director des Studios. Falls die Heldenträume vom Gitarrero sich in Luft auflösen.

Wer ist der gerade soeben Erwachsene, der auf den Pfaden seiner Selbständigkeit mit dieser traumwandlerischen Sicherheit wandelt? Ein Kleinstädter mit Phantasie? Ein Kid, das sich bestimmte Filme zu gut angesehen hat? Ein Drop-out des Bildungsstaats als Quereinsteiger am Medienmarkt?

Martin Hilbert ging, als er sechs Jahre war, mit seinen Eltern in den Iran, von wo er mit seiner Mutter im Jahr darauf zurückkehrte. Seitdem ist er »wohl fünfzehnmal umgezogen«, was die Schwierigkeit spiegelt, in der sich alleinerziehende Mütter befinden, die Geld verdienen müssen. Sie, die Mutter, stammt übrigens aus Holland. Auf diesem unruhigen Hintergrund muß Martin Hilbert die Technik gelernt haben, mit Vorübergehendem produktiv fertig zu werden, ohne sich an Erfahrungen und Überraschungen aufzureiben. Mit seinen ruhigen Augen unter seinem Götterbotenhelm macht er jedenfalls den Eindruck, als werde er seine Wege machen.

Eike Schönfeld und Ulrich Lang
Provisorium für Väter

Verbunden über einen gestreckten Flur, liegen ihre Zimmer sich wie Positionsbeschreibungen gegenüber: Ulrich Lang bewohnt zwei Räume, von denen aus man nach Norden sieht, an der Fassadenseite des Hauses. Eike Schönfeld hat sich in den Südzimmern der Hamburger Bürgerwohnung eingerichtet. Die Wohnung hat keinen Mittel-, aber einen Treffpunkt: die penibel aufgeräumte Küche.

Eike Schönfeld ist Untermieter bei Ulrich Lang. Zuvor hatte Ulrich Lang in dieser Wohnung mit seiner Familie gewohnt, mit seiner Partnerin und zwei kleinen Kindern: »...die hier übrigens auch zur Welt gekommen sind, hier, in diesem sonnenbeschienenen Teil (der Wohnung), Hausgeburten, abenteuerlichste Sache.« Erinnerungen eines Verlassenen, die seine Kinder nicht teilen: Wenn sie einmal zu Besuch kommen, erkennen sie in Eikes Bereich ihr Kinderzimmer nicht wieder.

Nur für kurze Zeit hatte Ulrich Lang überlegt, mit der Kleinfamilie die Wohnsituation dreinzugeben. Die eine Möglichkeit wäre gewesen, sich einer Wohngemeinschaft anzuschließen. Aber würden die Kinder dorthin kommen, wo er sich gerade befindet? Die andere Überlegung war, nach Köln zurückzugehen. Als Rheinländer hatte sich Lang in Hamburg, und zwar verschärft nach der Trennung, »fehl am Platz« gefühlt. Aber dann

sprach dagegen: »Ein Job, mit dem ich ganz zufrieden bin« – in der Kontrolle des ökologischen Landbaus – und die geographische Nähe zu den Kindern, die in einer Ortschaft südlich der Elbe bei der Mutter wohnen, in einem freistehenden Haus.

Die Hamburger Wohnung allerdings war ohne zahlenden Mitbewohner nicht zu halten. »Freiberufler, 44, sucht Zimmer«, lautete Eike Schönfelds Inserat. Er hatte, nachdem er bei seiner Freundin ausgezogen war, schon zwei Stationen hinter sich, als er bei Ulrich Lang einzog. So kamen sie zusammen, die Väter ohne Familie, Nordpol und Südpol.

Wirklich ohne Familie sind sie natürlich nicht. Wie sehr sie Väter nicht nur per Definition sind, sondern auch in ihrer Rolle, gehört zu dem schwierigen Regel- und Improvisationsapparat, der nach Trennungen etabliert wird. Er hat viele Spielregeln, aber ist kein Spiel. Als Gäste- und Kinderzimmer hatte Ulrich Lang das überzählige Zimmer in der Wohnung eingeplant, zumal die Kinder von Eike Schönfeld, ebenfalls zwei, in vergleichbaren Altersstufen sind: »Viererwochenenden mit Negerkuß und allem, was dazu gehört.« Aber dazu kam es dann nicht.

Es stellte sich heraus, daß die Vaterrollen so unterschiedlich sind wie die Familien, aus denen die Väter kommen. Eike Schönfeld ist eingebunden geblieben in den Rhythmus der alltäglichen Betreuung. An drei Nachmittagen in der Woche geht er zu ihnen, und zwar in die Wohnung, in der die Familie einst vollzählig war. Die Mutter der Kinder, voll berufstätig, kann sich so entlasten. An den Wochenenden fährt sie mit den Kindern aufs Land, wohin ihnen Eike im ersten Jahr der Trennung selten gefolgt ist. Zu Weihnachten zum Beispiel.

Ulrich Lang wiederum sieht seine Kinder nur am Wochenende, und das auch nur alle vierzehn Tage. Es ist der Kompromiß, der sich ergeben hat. Auch er hat die Kinder selten bei sich und fährt statt dessen raus ins »Einfamilienhaus«, wo er dann übernachtet. Er

gesteht sich ein, daß seine »Partnerin« deshalb »eine Gänsehaut kriegt«. (Er vergißt, sie »ehemalige« zu nennen, und bringt es auch nicht ohne Zusatzkommentar zu »Mutter der Kinder«.) Dort draußen zeigt sich kraß die Schieflage der Konstruktion: »Das ist ja nicht ganz einfach für sie zu erleben. Sie putzt und kocht und bringt die Kinder in den Kindergarten – und am Wochenende kommt einer vorbei, und alles strahlt. Nur, weil er so auftaucht. Egal, ob er nichts mitbringt oder Gummibärchen oder selbstgebasteltes Spielzeug. Dann fallen Sätze wie: Die Mutter kann jetzt ruhig in der Küche bleiben. Und ich denke, hoffentlich hat sie's nicht gehört. So sind Kinder. Ich würde auch nie auf den Gedanken kommen, zu den Kindern zu sagen: Zieht euch die Schuhe aus, oder wascht euch die Hände. Kram, der notwendig ist.«

Im Hamburger Wohnhaus könnten ihn später Zugezogene für einen Junggesellen halten, aber diese Sicht auf ihn verkennt das Auge, das aus ihm herausschaut: »Diese Gegend ist ja umgeben von Kindertagesstätten, wo die Väter und Mütter morgens ihre Blagen abliefern. Ich schau mir die Kinder ständig in dem Bewußtsein an, daß ich selber zwei habe. Heute müssen sie also auch Mütze und Schal anhaben.« Er ist ein »Wochenendvater« wider Willen; ein doppelt und dreifach Verlassener.

Beide, Ulrich und Eike, waren mit den Müttern ihrer Kinder nicht verheiratet. Das hinterläßt sie bei der Trennung als Väter mit Pflichten (finanziell) und ohne formale Rechte. Welche Kompromisse gefunden werden und wie stabil sie sind, hängt von den ehemaligen Partnern ab, wobei die Verständigung mit ihnen wohl nicht erst seit der Trennung gelitten hat.

Anders als für seinen Mitbewohner steht die Sache für Eike Schönfeld. Er ist aus dem Familienverband ausgeschert, regelrecht weggezogen. Das heißt, für ihn »ist die Familie ein gesellschaftliches Problem« geworden, mit dem er sich beschäftigen muß und will. »Wenn man als Norm setzt«, sagt er, »daß Kinder in einem geregelten Familienumfeld aufwachsen, zu dem eben auch der Vater gehört, dann habe ich sie auch mit verlassen.« Aber was diese Familie ausmacht, relativiert er durch seine eigene Erfahrung als Kind: »Ich habe die schlechtesten Erinnerungen daran.« Das hat von vornherein seine Bereitschaft, die häusliche Situation als ideal anzusehen, gemindert. »Ich habe immer gesagt: Ich bin kein family man. Jetzt ist die Frage, ob ich mir zugestehen kann, der wirklich nicht sein zu wollen.« Gegenmodelle: »Man hört und liest ja auch, daß andere das anders machen: dreimal verheiratet waren und mit jeder Frau zwei oder drei Kinder hatten. Aber wie das läuft, steht meistens nicht dabei.« Er sieht die Kleinfamilie als ideologisches Konstrukt, dessen Macht er zugleich anerkennt und in Zweifel zieht. So war für ihn klar, daß er mit seiner jetzigen Freundin nicht dasselbe noch einmal beginnen wollte. Er ist bei einem Zustand, »einem Ist«, angekommen, das die notwendige Konsequenz seiner Haltung darstellt. Diese Station ist ein Übergang mit offenem Ende: Der Vater auf Abruf will »seinen Teil« in der Geschichte der Trennung »überdenken«, bevor er in Erwägung zieht, »so etwas noch einmal zu versuchen«. Er sieht sich nicht allein, sondern als Teil eines Prozesses der Differenzierung, der viele Leute erfaßt hat. »Die ganzen Grautöne, die jahrzehntelang übergebügelt wurden, die kommen jetzt allmählich heraus. Man erlaubt sich – oder fühlt sich geradezu gedrängt –, sie anzuerkennen. Nicht mehr schwarzweiß –

ganz zusammensein oder sich gar nicht mehr sehen –, sondern sehen, was geht und was nicht.«

Was die Kleinfamilie betrifft, ist Ulrich Lang anderer Meinung. Er hat mit seiner Familie Alternativen ausprobiert. Während der ersten fünf Lebensjahre des ersten Kindes war die Wohnung in Hamburg zweimal untervermietet worden. Eltern und Kinder wohnten in größeren Familienverbänden auf dem Lande: »Kommunen« hat man gesagt, als diese Lebensform auch sexuelle Freizügigkeit einschloß. Inzwischen liegen die Projektionsflächen der Gruppenmodelle woanders, im Spirituellen und Religiösen, im ökologischen Bewußtsein. Aber was binden soll, ist eben auch der entscheidende Faktor im Dissenz. Ulrich Lang ist mit seiner Familie beide Male nach Hamburg zurückgekehrt. Genau das, was für ihn als lebbar übrigblieb, ist dann zerbrochen.

So ist es zu erklären, daß beide Männer an ihrer Situation in unterschiedlichem Maß und unterschiedlicher Weise leiden. Ulrich würde schlicht, wenn er dürfte, viel mehr Vater sein – und daß Eike ihn darin nicht in Frage stellt, ist klar. Eike kämpft mit der moralischen Implikation seiner Entscheidung – und wird von Ulrich in der pragmatischen Lösung seiner Vaterschaft bestärkt.

Ulrich Lang hatte für die große Wohnung jemanden gesucht, mit dem er »sich wenigstens verständigen kann«, aber geworden ist daraus mehr. Die Männer, sieben Jahre auseinander, in völlig unterschiedlichen Berufen, verstehen sich ziemlich gut. Nicht weil sie gleich, sondern weil sie verschieden und verschieden dran sind: als Väter. Einmal, im ersten Jahr ihres Provisoriums ohne begrenzte Haltbarkeit, haben sie echte Männerfreundschaft gespielt: als Fußballfans am berühmten Millerntor.

Søren Dettmer
Im Gehäuse
des Unsichtbaren

Im neuen Verlagsgebäude von Gruner und Jahr in Hamburg ist Søren Dettmer nicht schwer zu finden: Er ist der mit den gelben Haaren. Man sieht ihn immer, denn zusammen mit einem Kollegen ist er die technische Feuerwehr der elektronischen Datenverarbeitung. Wenn Redakteure (»stern«, »Brigitte«) sich nicht mehr zurechtfinden, sind die jungen Informatiker zur Stelle. Ein Job für Leute, die apollinisch gestimmt sind, sozial geschmeidig und von den Finten des Systems nicht aus der Fassung zu bringen.

Vor zwanzig Jahren, sagt Søren Dettmer, hätte ihn die Informatik als Arbeitsfeld nicht lange gehalten: Da saßen die Techniker in verschlossenen Räumen, und die Benutzer mußten ihre Wünsche als Antrag formulieren. Der elektronische Zugriff auf die Gestaltung, die »grafische Benutzeroberfläche«, war damals ein kompliziertes Geheimnis gewesen.

Søren Dettmers Geschichte hat zu tun mit der Verelektronisierung der Welt, die eine neue Klasse von Arbeitenden hervorgebracht hat: nicht Handwerker, nicht Büromenschen, nicht Naturwissenschaftler. Ingenieure im Gehäuse des Unsichtbaren, deren Gegenstand nicht physisch ist und nicht geistig und vielleicht nicht einmal etwas dazwischen.

Vom positivistischen Entwurf seiner Abiturzeit hat er sich verabschiedet: »Damals dachte ich, alles hat Hand und Fuß und ich weiß, wo oben und unten ist.« Inzwischen sieht er gerade in der Unüberschaubarkeit der Systeme ihr wesentliches Charakteristikum: »Wenn man heutzutage in einem Programm schreibt, schreibt man ein klitzekleines Teilchen davon. Das wird in ein großes Mosaik eingepaßt. Die Schnittstellen müssen sauber definiert werden. Das allerdings gelingt nicht immer, und kein System ist fehlerfrei. In einen Computer kann man jahrzehntelang hineinsehen, ohne zu begreifen, wie das funktioniert.« Diese Haltung, das Gegenteil von Dünkel, hat Søren Dettmer für den Kontakt mit den Anwendern – Laien im Technischen, Professionelle in anderen Feldern – prädestiniert.

Für ihn, als jüngstes von sechs Kindern einer weitgehend vaterlosen Familie, sind Dorfschule, Fachgymnasium in der Kleinstadt und das strenge Umfeld einer technischen Hochschule förderliche, aber auch bedrohliche Vehikel einer Loslösung aus schwierigen Verhältnissen. Andererseits läßt er sich durch sein technisches Wissen nicht korrumpieren; er verweigert sich der Zuschreibung, mit der die elektronische Klasse belegt wird wie ein Kreis von Magiern. Er geht 1989 nach Hamburg und beginnt noch während des Studiums seine Arbeit beim Verlag. Mit dem elektronischen System öffnet sich ihm auch das soziale Feld.

Søren Dettmers grellgelbe Haare haben mit dieser Entwicklung zu tun, sie sind ein leuchtendes Zeichen des Wandels seiner selbst und der Menschen um ihn herum. Es war Weihnachten 1991, und Dettmer war mit seinen neuen Verlagskollegen japanisch essen gegangen. Und »da habe ich gedacht: Ich muß jetzt irgendwas machen. Ich wollte auffallen. Ich hatte mich nie getraut.« Der Junge aus der Provinz, wo »der Lehrer ein Gott« ist, verschafft sich eine Punkerkrone. Mit der ironischen Inszenierung einer Randexistenz sagt er: Ich bin mittendrin. Alle können mich sehen.

Sein Selbstbewußtsein, sagt Søren Dettmer, sei mit der Stadt, in der er jeweils gewohnt hat, gewachsen. Seine Schüchternheit kann Søren Dettmer nicht ablegen – »die bemerkt ja jeder« – aber sie sagt ihm nicht mehr, was er tun soll.

Gert Dunkel
Das Vergnügen zu lernen

Im Wintersemester 1993/94 war Gert Dunkel jeden Tag an der Universität. Die vielen Vorlesungen – darunter: »Australien, Neuseeland und der pazifische Raum«, »Gothische Kathedralen in Frankreich« und »Kunst im Dritten Reich« – hatte er zunächst besucht, um sich einige auszusuchen. Dann fand er heraus, was für ein »wunderbares Gefühl das ist, da morgens hinzufahren«. Als die Hörsäle sich am Ende des Semesters leerten, war Gert Dunkel immer noch dabei, und er schrieb in seine roten DIN-A-5-Hefte, was ihm wichtig erschien.

Das war seine Rückkehr zur Universität nach fast vierzig Jahren. 1955 hatte er mit einem sozialpolitischen Thema an der Universität in Köln promoviert. Damals mußte man Studiengebühren bezahlen, die in den Semesterferien verdient wurden, und der Ehrgeiz der jungen Leute war, nicht länger Studenten zu sein, als die Mindeststudienzeit vorgab. Dann, bis zu seiner Pensionierung, war Gert Dunkel im Verkauf und Marketing bei einer Firma, die Werkzeuge und Maschinen zur Metallverarbeitung herstellt; die letzten 25 Jahre als Geschäftsführer dieses Bereichs. Ein etwas außergewöhnlicher Arbeitsvertrag sah vor, daß bei Kündigung eine Frist von fünf Jahren einzuhalten war – der Mann aus dem Management kündigte im August 1988, um

seine Pensionierung zum 64. Lebensjahr zu sichern. Beim Abschied von der Firma seines Arbeitslebens rechnete er aus, daß er in siebzig Ländern gewesen war, auf sämtlichen Kontinenten. Genug, um weltläufig, zu schnell, um kundig zu werden.

Ihm war klar, daß er wieder Lernender sein wollte. Zwei Jahre, bevor es soweit war, besorgte er sich Vorlesungsverzeichnisse. Gern wäre er zu seiner Kölner »Stammuniversität« zurückgekehrt. Mit den Rotariern war er in Dortmund gewesen, wo ein Seniorenstudium angeboten wird. Aber Gert Dunkel schrieb sich schließlich als Gasthörer an jener Ruhruniversität Bochum ein, die zum Symbol der Massenuniversität geworden ist. Der Betonklotz mit seinen »zahlreichen baulichen Mängeln, dem herumliegenden Abfall und den unsäglich beschmierten Toiletten« war nicht so leicht zu ertragen für den stattlichen Herrn, Jahrgang '30, der am ersten Tag – aber auch nur dieses eine Mal – im Anzug aufkreuzte. Die »beachtliche Systematik, die genaue Didaktik« des Lehrbetriebs entschädigten ihn reichlich. Sein Curriculum ist um die Fächer Geographie und Geschichte, »als Annex Geologie und Kunstgeschichte«, gebaut: »Das sind immer meine privaten Interessen gewesen«, Betriebswirtschaft spielt keine Rolle mehr.

Gezielt hat der Student Themen gewählt, die »weiße Flecke« seiner Erfahrung geblieben sind. Indien hatte er immer gemieden – jetzt hört er eine Vorlesung zum Kastensystem. Über die grandiosen Pläne der Nazis, deutsche Städte mit breiten Achsen inklusive Triumphbögen auszurüsten, wußte er wenig; davon erfuhr er in der Vorlesung »Kunst im Dritten Reich«. Aber auch eine Vorlesung über »Das Ende der sozialistischen Utopie« weckt sein Interesse. Es mag für Gert Dunkel ein großer Vorteil sein, daß die ideologische Hitze von den geistes- und sozialwissenschaftlichen Instituten gewichen ist. Zwei

Öffnungen hat die bundesdeutsche Universität hinter sich: für Methoden – nach 1968 –
und für Themen – nach 1989.

Natürlich hat sich auch Gert Dunkel mit der
Frage beschäftigt, ob er sein Studium in
Bochum mit dem Ziel beginnen sollte, es mit
einem Prüfungsverfahren abzuschließen. Er
hat sich dagegen entschieden. Zum einen,
weil Dr. Dunkel den Titel nicht mehr braucht.
Zum anderen, weil er es überaus genießt,
»ohne auch nur einen Hauch von Zwang« lernen zu können, nichts belegen zu müssen,
was ihn nicht interessiert. Es gibt schon die
Verlockung, außer Vorlesungen später auch
Seminare zu besuchen, Referate zu halten,
die »ganz logisch aufgebaut« sein sollen: Es
bleibt schwer, sich nicht beweisen zu können. Aber das Vergnügen zu lernen stellt alles
in den Schatten.

Wenn die Vorlesung um fünf nach eins zu
Ende ist, sitzt der Student Dunkel um zwanzig vor zwei am Mittagstisch in seinem Haus
in Schwelm, das an den Hang gebaut ist, der
ansteigende Garten wie eine postmoderne
Opernkulisse. Er hat immer etwas zu erzählen – nein, nicht von früher. Vom Allerneue-
sten. Die Kaste der Palmsaftzapfer, zum Beispiel, hat es ihm angetan.

Barbara Häusler und Christoph Wingender
Die fröhlichen
Sozialwissenschaften

Als Barbara Häusler und Christoph Wingender im Mai 1992 heiraten, sieht es so aus, als hätten sie sich eingerichtet mit ihrer Fassung von jung, urban und professionell: Christoph ist leitender Angestellter bei einer Pharmafirma, Barbara verdient ihr Geld mit einem Halbtagsjob als Sekretärin. Sie wohnen in einer großen Dreizimmerwohnung im Berliner Stadtteil Neukölln.

Tatsächlich bringt das Bündnis zum Ausdruck, daß sie, die sich aus dem Studium kennen, beieinander bleiben werden, obwohl wichtige Entscheidungen noch nicht gefallen sind. Die berufliche Situation zum Zeitpunkt der Heirat wird von Barbara und Christoph empfunden als Kompromiß, der sich in den Jahren nach dem Studium herausgebildet hat. Beide hatten ihr Studium in den Geistes- und Sozialwissenschaften absolviert und wie so viele erfolgreiche Studenten geglaubt, daß das akademische Umfeld ihnen eine Chance bieten würde. Christoph fing bei der Pharmafirma halbtags an, um sich für eine Übergangszeit zu finanzieren – und profilierte sich wider Willen. Barbara hatte die Arbeit an einer Dissertation aufgenommen, verlor aber den Kontakt zum universitären Milieu.

Die nächste sich bietende Chance einer Veränderung nehmen sie ohne zu zögern wahr, obwohl sie mit Einkommensverlusten einhergeht: Barbara bekommt eine Stelle als Redakteurin bei einer Zeitung, Christoph kündigt seine Arbeit, die für ihn eigentlich ein Job gewesen ist. Sie sind Mitte dreißig und beenden ihre postuniversitären Karrieren, verabschieden sich vom schlechten Gewissen vor sich selbst. In den folgenden zwei Jahren beginnen ihre Arbeitsfelder sich zu über-

schneiden: Barbara als Spezialistin ihrer Zeitung für Alltagskultur, Christoph mit ersten organisatorischen Aufgaben für Museen und Kulturinstitute, die sozialgeschichtlich ausgerichtet sind.

Nun ist es gelungen, die berufliche Tätigkeit jener Lebenspraxis anzunähern, die Barbara Häusler und Christoph Wingender selbst entwickelt haben. Es fing damit an, daß ihnen ein Freund vor vielen Jahren zeigte, wie man Schrott liest: Wie man aus einem mit haarsträubendem Unrat gefüllten Container mit einem Griff das antike Coca-Cola-Schild herauszieht. Es ging weiter, indem die beiden diverse Möglichkeiten der Zweckentfremdung erkundeten: Industriegut als Möbel, Warenmuster als Dekor. Und es führte dazu, daß sie die Techniken der Aufbereitung kennenlernten – alte Tische mit neuem Linoleum beziehen zum Beispiel. Nach vielen Jahren ihres Zusammenlebens schließt sich die Ästhetik des Mangels kurz mit technischer Perfektion, und das Persönliche überblendet sich mit einer Sphäre, die etwas Öffentliches hat, ohne allgemein zu sein.

Die Alltagskultur, die das Paar Häusler/ Wingender interessiert, hat diesen materiellen und sozialen Grund. Sie sind Archäologen des Zufalls geworden, Spezialisten für das Unwahrscheinliche, Elektromagneten für Anekdoten; Kenner der kommunalen Strukturen. Sie sind Meister der fröhlichen Sozialwissenschaften. Sie sind gute Köche, Manager langer Abende.

Sie haben das entwickelt, was die neuen Illustrierten vor zehn Jahren Lifestyle genannt hätten, nur daß dieser Stil bei Barbara Häusler und Christoph Wingender überhaupt nicht

die Funktion hat, eine Aura des Künstlerischen zu erzeugen oder das Paar gesellschaftlich zu positionieren. Es ist ihr eigener,
persönlicher Entwurf, den sie mit einem ein-
geübten Antagonismus pflegen: Barbara liebt
es zu sammeln, Christoph liebt es wegzu-
werfen.

Sie sind keine Partylöwen, und sie haben
auch keinen Salon. Was sie sich geschaffen
haben, ist ein soziales Interieur, ein Refugium
im metropolitanen Gebilde, in dem sich die
Freunde scharen mit der Vertrautheit von
Familie, aber ohne deren Enge. Das Ambiente ist nicht gewählt (im Sinne von ausgesucht), sondern eine komplexe Collage aus-
geführter und abgebrochener Entwürfe. Es ist
etwas, was man sich nicht kaufen kann, weshalb die Verlockung, sich ohne Kinder ein be-
trächtliches Einkommen zuzulegen, für die
beiden – wie ihre berufliche Entscheidung
zeigt – gering ist. In ihrer Stilfindung haben
sie jene Genauigkeit entwickelt, die ihre
Interessen leitet; aber das Ambiente, das sie
sich geschaffen haben, ist kein Brutplatz für
großen Ehrgeiz, für imposante Repräsentation. Sie sind gut im kleinen Grenzverkehr
zwischen Beruflichem und Privatem, allgemeiner und persönlicher Geschichte, Lebenskunst und Leben.

**Sigrid Jakob und
Manfred Jakob**
Idee aus dem Äther

Ein gewöhnlicher Vorgang: Der Sohn über-
nimmt den Hof, wenn der Vater ihn nicht
mehr führen kann. Daran hat man auch auf
dem Jakobshof festgehalten. Manfred Jakob
ist mit zweiundzwanzig Jahren amtlich der
Besitzer: »Es mußte irgendwie weitergehen«
– der archaische Auftrag der Tradition, bewußt grundlos artikuliert. Aber die bäuerliche
Tradition ist nur der Horizont, vor dem sich
die Kontur des Jakobshofes abzeichnet.

Die Ehe der Eltern Manfreds ist vor einiger
Zeit auseinandergegangen. Bevor der Vater
den Hof verließ, hatte er aufgrund einer zu-
nehmenden Augenschwäche wesentliche
Aufgaben in der Milchwirtschaft nicht mehr
wahrnehmen können (sämtliche Höfe des
kleinen Ortes Rotis im Allgäu betrieben
Milchwirtschaft). So fiel ein erheblicher Anteil
der Arbeit an die Mutter Manfreds, Sigrid
Jakob. Es war die Idee der Eltern gewesen,
etwas Neues zu beginnen. Der Vater hatte im
Radio eine Sendung gehört, die von einer
neuen Züchtung von Hühnern berichtete:
eine Kreuzung aus Haus- und Wildhuhn, die
wohlschmeckende grünliche Eier legt. Mit ein
paar Hühnern und ersten Versuchen, den Ver-
trieb zu organisieren, hat es angefangen.

Als die Entscheidung anstand, den Betrieb
mit den Hühnern auf eine Basis zu stellen,
die einträglich ist, hatte Sigrid Jakob durchaus
Zweifel am Sinn des Experiments. Aber Manfred, der eine Ausbildung in analytischer
Umwelttechnik begonnen hatte, sah genau
darin seine Aufgabe. Es ist die Tradition, die
in ihm spricht, wenn er sagt, daß seine Mutter ihm »hilft«. Und soziale Wirklichkeit,
wenn er sagt, sie machten den Hof zusammen. Vom grünen Projekt lebt auch Manfreds

Schwester, die aufs Abitur zugeht. »Keiner
lebt das Leben des Anderen«, hat Sigrid
Jakob in dem kleinen Heft notiert, das ihre
Sprüche enthält. Darin schreibt sie nieder,
was ihr bei der Arbeit in den Sinn kommt.

Der Kuhstall des Jakobshofs ist umgebaut
zu einem doppelstöckigen Hühnerstall, in
dem 1400 Hühner der nun schon nicht mehr
ganz neuen Züchtung in artgerechter Boden-
haltung ihrer Bestimmung nachgehen: grüne
Eier zu legen, bis sie nach zwei Jahren ge-
schlachtet werden. Die Eier werden täglich
abgesammelt, durchleuchtet, nach sieben
Größen sortiert und verpackt. Beliefert werden Feinkostläden vom berühmten Kaufhaus
des Westens in Berlin bis zur auf die grünen
Eier abonnierten Küche des Nobelrestaurants
im Nachbardorf. Trotz deutlich höherer Preise
gegenüber gewöhnlichen Eiern bleibt der
Gewinn bescheiden, ein erheblicher Teil der
Spanne im Transport.

Gelegentlich suchen wohlhabende Städter
auf ihrer Urlaubsreise den Jakobshof auf, um
sich gewissermaßen des leibhaftigen Ur-
sprungs der Delikatesse zu vergewissern. Sie
preisen das Produkt, das sie als postmoderne
Kreuzung des Vertrauten mit etwas irgendwie
»Natürlicherem« (der Anteil des Wildhuhns)
verorten. Die Bewunderung der Kundschaft
entschädigt die Unternehmer vom Jakobshof
vielleicht für das Mißtrauen der Nachbarschaft, die nach Jahren immer noch fragt,
ob die Jakobs »das mit den Hühnern noch
machen«. Ideen aus dem Äther brauchen
wohl mindestens eine Generation, um im Allgäu festzuwachsen.

Clemens Festag
Rotary und Woodstock

Manchmal hat Clemens Festag seine Ideen einfach ausgesprochen. Zum Beispiel, als er – wie fast alle Lehrer der DDR – zum »Parteilehrjahr« geschickt wurde. Statt die Papiere zu diskutieren, die nicht einmal gelesen würden, solle man doch Leute aus anderen Berufsgruppen Vorträge über ihre Tätigkeit halten lassen. Wie bei den Rotariern.

Oder als er – scheinbar – die Chance bekam, an einer thüringischen Hochschule Deutsch für Ausländer zu unterrichten. Man drängte ihn, in die SED einzutreten. Und er hielt dem entgegen: Wenn nun die Lehrer Mayer, Müller, Schulze in der SED wären und der Lehrer Festag nicht, das wäre doch ein gutes Zeichen für Pluralismus in der DDR.

Rotarier und Pluralismus. Da konnte man sehen, was dabei herauskam, wenn einer heimlich Westzeitungen las. Das tat Clemens Festag tatsächlich, wenn er konnte. So wurde ein wenig das Fernweh gestillt. Oder beflügelt.

Eine Einsicht hat er dann doch für sich behalten. Mitte der achtziger Jahre hatte er in der »Zeit« gelesen, wenn Polen und Ungarn mal nicht mehr sozialistisch wären, wären es immer noch Polen und Ungarn. Wenn die DDR mal nicht mehr sozialistisch wäre, gäbe es keine DDR mehr.

Das war es nicht, was ihn in dem Jahr vom Herbst 1989 bis zum Herbst 1990 antrieb, so daß man »hat kaum schlafen müssen und auch kaum schlief«. Es war das »Lustgefühl, das die, die sich bereichert hatten und immer gesagt hatten, was zu tun ist, nun Rechenschaft ablegen mußten«. Den Austausch der Köpfe, gerade in den Ämtern, hatte der Mann des Bürgerkomitees sich bei weitem radikaler vorgestellt, als es dann geschah.

Er selbst allerdings ist ein Gegenbeispiel. Festag wurde persönlicher Referent des Schulamtsleiters. Als sich für die Arnoldischule in Gotha – ein kolossaler Jugendstilbau – kein Leiter finden ließ, sprang der gerade 30jährige ein. Seitdem wird umgebaut. Die Erweiterte Oberschule wurde wieder Gymnasium, eins von dreien am Ort, und die Substanz des Gebäudes wurde mit gigantischen Baumaßnahmen gerettet. Das Kollegium wurde umgebaut: Von 27 Lehrern blieben neun, 58 kamen dazu. Lehrer bezeichnen Schüler als »wendegeschädigt«, die wiederum ihre Lehrer für vorwendegeschädigt halten.

Clemens Festag ist der Mann des Ausgleichs, im Ton versöhnlich, in der Sache fordernd. Eher groß gewordener Pfadfinder als Bildungsmanager. Ein Kind von Handwerkern, nicht von Lehrern. Ein bärtiger Humanist, kein White-collar-Bürokrat.

Dreimal schon war er in Amerika, einmal bei einem Schulleiteraustausch. Da hat er auch Hank Dominguez getroffen, den Schulamtsleiter aus Santa Fe. Mit ihm versteht Festag sich gut. Der Mann ist in Woodstock gewesen, aber nicht zum Jubiläum. Sondern damals, als »alle nackig durch die Gegend tanzten«. Das Flair kommt Festag vertraut vor, durch die Musik, für die er sich schon immer interessiert hat. Er fühlt sich verbunden mit einer Generation, der die Durchsetzung bestimmter liberaler Prinzipien wichtiger ist als das Ansehen, das die Position mit sich bringt. Es ist die Generation der Väter, zu der er sich hingezogen fühlt: Sie stehen für

die von ihm erträumten Möglichkeiten einer westlichen Sozialisation. Zu Hause andererseits mußte er erst einmal dafür sorgen, daß die Schüler in den Gängen keine Sleep-ins hielten und nicht nur gelegentlich zum Unterricht kamen. Der alte Konflikt: Mit Dummen kann man nicht »mehr Demokratie wagen«.

Als die DDR zerbrach, war Festag nicht kompromittiert genug, um sich ducken zu müssen, und noch jung genug, um an der Beschränkung der Perspektive durch den totalitären Staat noch nicht gescheitert zu sein. Als »echtes gothsches Gewächs«, der Retter in der Not, hat er seine Position gestärkt, seine Autorität mit Selbstironie installiert, seinen Platz mehr er- als gefunden. Dazu gehört eine eher ungewöhnliche Allianz (wenn man an die Begeisterung für Woodstock denkt): Clemens Festag ist Rotarier und war auch der örtliche Gründungspräsident. »Jetzt kannst du auch mal dabei sein«, hatte er sich zu Wendezeiten gesagt, und jetzt ist er dabei. Wie der Zahnarzt und der Orthopäde und der Prinz von Coburg. Das Engagement im Kreis der irgendwie noch sehr jugendlichen Honoratioren sieht er als eine Art Sponsorensystem für die Schule.

Es funktioniert. Und wenn es der Arnoldischule gut geht, geht es ihm auch gut – dem Direktor, der vom runden Erkerzimmer aus den Schulhof überschaut. So wie früher.

Volker Behnfeld und Gerson
Abschied vom Traumhaus

Sie sind um die dreißig, ein Mann und eine Frau. Sie treffen sich in einer Kieler Kneipe im Januar des Jahres 1993. Vorgabe: Das Gespräch wird mindestens drei Stunden dauern. Keiner wird davonlaufen.

Ein Ehepaar im siebten Jahr, zwei Monate vor der Scheidung. Sie sprechen über die Kinder, zwei kleine Jungen, und deren Zukunft. Sie beschließen, sie zu trennen: Gerson zu Volker, David zu Sylvia. Kein Kampf mehr, keine Drohung: Sie werden sich, sagen sie, »einen Vertrauensvorschuß entgegenbringen« – wie es ihn in der Ehe nicht gegeben hat. Äußeres Zeichen des Bundes der Entzweiung: Das Sorgerecht bleibt für beide Kinder bei beiden, obwohl sie an verschiedenen Orten leben werden.

Rückblickend sagt Volker: »Ich habe aus einer Bruchbude ein Haus gemacht, ich habe mich beruflich weitergebildet und einen gut dotierten Job gefunden, ich habe zwei Kinder; ich habe Familie gespielt – es ist alles erfüllt. Jetzt kann ich mir Gedanken machen, was ich eigentlich mit meinem Leben will.«

Der Abschied von der Konvention war um so schwieriger, als die Konvention kein Haus ist, das man einfach verläßt. Es ist eher so wie in den Videospielen, daß sich am Horizont Schemen abzeichnen, die schneller als vermutet näher rücken und sich in der Nahsicht als feindlich herausstellen (oder nicht); manchmal kennt man den Unterschied erst, wenn es zu spät ist.

Als Volker Behnfeld Anfang zwanzig war, meinte er, den elterlichen Betrieb übernehmen zu müssen. Für eine Saison hatte er mit Sylvia dort gewohnt, zwischen schwerem landwirtschaftlichem Gerät, mit dem für die

Bauern der Umgebung Arbeit erledigt wurde gegen Bezahlung. Bald kamen ihm massive Zweifel, ob ein unternehmerisches Risiko lohnt, das auf die Dauer ein Angestelltengehalt abwirft, zum einen. Zum anderen, ob es richtig sein kann, mit Drainagen »die letzten feuchten Wiesen trockenzulegen«. Von einem Einsatz mit Pestiziden, die auch auf »hoppelnde Hasen« verspritzt werden, kommt er »bleich und völlig aufgeregt zurück«. Sylvia, die das beobachtet, und Volker heiraten, kurz bevor Volker den Eltern sagt, daß er den Betrieb nicht übernehmen will. Plötzlich ist ihm klar, »daß ich die Verantwortung über mein Leben nicht meinen Eltern überlassen kann« – mit der Kehrseite, daß er über das Leben der Älteren eine massive Entscheidung trifft, auch deshalb, weil sie in dem Betrieb, der dann verkauft wird, nicht wohnen bleiben können.

Nachdem die feudale Last, die Erbfolge, abgeworfen ist, beginnt das bürgerliche Leben. Eine kleine Wohnung im Zentrum Lübecks, Jobs für sie und ihn. Die (schwierigen) Geburten der Kinder lassen bei Volker das Bild der »Kleinfamilie« aufziehen »als Anfang vom Ende des Lebens«. Er macht einen ungewöhnlichen Schritt: er nimmt eine Arbeit an, die nur in Wochenendschichten abgeleistet wird; und einen gewöhnlichen: er kauft das Haus auf dem Land. Beide Stockwerke werden zu Wohnungen ausgebaut.

Nach zwei Jahren ist alles fertig, da wohnt sie oben und er unten. Die Kinder verstehen das. Sie verstehen nicht, wenn gestritten wird.

Es fällt Volker schwer, das Ende der Ehe zu akzeptieren. Eine Ehetherapie hat er nicht gewollt; nach Sylvias Auszug findet er Anschluß an eine Gesprächsgruppe. Er erkennt, daß eine Ehe, in der er nie gesagt hat »Ich liebe dich«, keinen Bestand haben konnte und daß die Bindung an den älteren Sohn ihn verändert hat; daß »ich das Gefühl zu lieben gegenüber meinem Sohn schlichtweg nicht habe verhindern können«.

An der Jobkonstruktion hält er fest, betreut in der Woche zeitweise beide Kinder, und am Wochenende werden sie siebzig Kilometer weit zur Mutter gefahren. Mit dem Ende der Ehe erübrigt sich das Pendelmodell – die Geschwister werden getrennt, als Sylvia mit ihrem Freund nach Süddeutschland zieht.

Volker verkauft das Haus, das er »Traumhaus« nennt, auch wenn das Leben dort eher traumatisch war. Er nimmt Abschied von den zwanghaften Idyllen, von idyllisierten Zwängen, und zieht mit dem Kind in den Ort, wo die Schwester wohnt, die Gerson am Wochenende mitbetreuen kann. Was von der Gemeinschaft der Ehe bleibt, ist der halbierte Zugewinn.

Wenig später lernt Volker über ein Inserat Sabine kennen, die mit Moritz ein paar Jahre allein auf dem Land gewohnt hat, in Zufriedenheit. Moritz und Gerson sind fast gleich alt, Spielkameraden vom ersten Augenblick an. Nach wenigen Monaten werden Pläne gemacht zusammenzuziehen. Kein Versprechen, keine Hochzeit. Volkers Maxime: »Das, was ich mache, einigermaßen intensiv zu leben.« Der Alltag ist faßbarer, die Ziele sind abstrakter geworden. Es gibt keine Sieger im Spiel mit den Gespenstern der Konvention. Aber es gibt ein Leben vor dem Tod.

Herausgeber, Verlag und Autoren bedanken sich sehr bei allen, die ihr »eigenes Leben« zu einem unverzichtbaren Teil dieses Projekts werden ließen.
Ruth Rutschky ist vor Drucklegung dieser Ausgabe verstorben.